„Kochen ist meine Leidenschaft.“

Birgit Wäschenbach

Wir, Birgit und Renate, sind den Menschen dankbar, die uns bei der Verwirklichung dieses Buches unterstützt und beraten haben.

Insbesondere danken wir unseren Familien für ihren Zuspruch während der Entstehung dieses Kochbuchs.

Wir empfehlen:

... bei den verwendeten Lebensmitteln auf Qualität zu achten!

Qualität bedeutet für uns zum einen, dass man frisches, möglichst vollreifes Obst und Gemüse einkauft und verarbeitet, und zum anderen, darauf zu achten, dass die verwendeten Lebensmittel möglichst frei sind von chemischen Zusätzen.

Die Ernährung sollte aus Makro-Nährstoffen (Fett, Kohlenhydrate und Eiweiß) und aus Mikro-Nährstoffen (Vitaminen, Mineralstoffen und sekundären Pflanzenstoffen) bestehen.

... Obst und Gemüse saisonal und vollreif einzukaufen und direkt zu verarbeiten. (Frisches vollreifes Obst und Gemüse enthält eine Vielzahl an Vitalstoffen und sekundären Pflanzenstoffen.)

... **Getreide-Vollkornprodukte**, weil sich in den Randschichten des Getreides der Großteil der wertvollen Ballaststoffe, Vitamine, Öle und Mineralstoffe befindet.

... **Vollkornreis**, weil er alle Vitamine und Mineralstoffe enthält, die vor allem im äußeren Silberhäutchen konzentriert sind.

... **unraffinierten Vollrohrzucker**, weil er alle Mineralien aus dem Zuckerrohr beinhaltet, insbesondere Eisen, Magnesium und Kalzium sowie B-Vitamine.

... **naturbelassene, kalt gepresste Öle** (Raps- , Sonnenblumen- oder Olivenöl, möglichst aus biologischem Anbau), weil sie einen hohen Anteil an Omega-3- und/oder Omega-6-Fettsäuren enthalten. (Um den Körper mit diesen wichtigen Fettsäuren zu versorgen, verwenden wir diese Öle für Salat-Dressings.) Zum Dünsten (bei niedriger Temperatur) können auch dafür geeignete, kalt gepresste Öle verwendet werden.

... **ungehärtetes Kokosfett**, (möglichst aus biologischem Anbau), weil man dieses Fett zum Braten verwenden kann. (Fürs echte Braten, bei dem eine Bräunung z. B. des Fleisches gewünscht wird, sollte 100 % reines, ungehärtetes Kokosfett verwenden werden, da hier Temperaturen über 200 °C erreicht werden, die kein Öl ohne Bildung von Transfettsäuren übersteht. Nur natürliche Fette, die bei Raumtemperatur fest sind, können so viel Hitze unbeschadet überstehen. Bei den verwendeten Fetten darauf achten, dass auf der Verpackung kein *„gehärtetes Fett"* als Zusatz ausgewiesen ist.)
Allgemein sollte beim Erhitzen von Fetten immer darauf geachtet werden, dass es nicht zur Rauchentwicklung kommt!
Anstelle von ungehärtetem Kokosfett kann man auch Ghee verwenden. Diese Produkte bekommt man in Reformhäusern oder Biomärkten.

... **natürliches Meersalz**, weil es frei von Rieselhilfen und Zusatzstoffen ist und wichtige Spurenelemente aufweist.

... **Bio-Kräutersalz**, weil es neben Kräutern aus biologischem Anbau i.d.R. Meersalz enthält.

... frische und biologisch angebaute Kräuter.
(Diese kann man im Sommer in größerer Menge einkaufen, fein hacken und einfrieren.)

... gekörnte Gemüsebrühe aus biologischem Anbau.
(Gekörnte Gemüsebrühe aus biologischem Anbau sollte unserer Meinung nach auch frei von Hefeflocken sein.)

... Schlagsahne und andere Milchprodukte.
(Bei Unverträglichkeit von Milchprodukten können Sie diese natürlich durch biologisch erzeugte und gentechnikfreie Sojaprodukte ersetzen.)

... Fleisch aus artgerechter Haltung.
(Dieses Fleisch können Sie bei Bauern beziehen, die naturnahe Landwirtschaft betreiben, oder beim Metzger Ihres Vertrauens.)

Kleines „Putz"-ABC für Gemüse, Salate und Kräuter sowie für Obst

In unserem „Putz"-ABC erklären wir, wie man Gemüse, Salate, Kräuter sowie Obst für die jeweiligen Gerichte vorbereitet. Dieser Vorgang wird in den Rezepten mit dem Wort „putzen" beschrieben.

Ananas:

Von der Ananas den Strunk und den Blattansatz abschneiden. Je nach benötigter Menge die Ananas halbieren oder vierteln und die Schale sowie den in der Mitte liegenden Strunk entfernen.
Falls Ananasscheiben benötigt werden, ganze Ananas schälen und in Scheiben schneiden. Aus den Ananasscheiben den Strunk in der Mitte mit einem scharfen, spitzen Messer herausschneiden.

Aubergine:

Aubergine waschen und den Stielansatz entfernen. Wenn die Aubergine in Scheiben geschnitten und gebraten werden soll, die einzelnen Scheiben von beiden Seiten salzen und auf mehrere Lagen Küchenpapier legen. (Das Küchenpapier saugt die ausgetretene Flüssigkeit auf.) Nach einer halben Stunde die Scheiben mit Küchenpapier trocken tupfen. Durch diese Vorbereitungen saugen sich die Auberginenscheiben beim Braten nicht mit Fett voll.

Avocado:

Vollreife Avocado der Länge nach halbieren. Den Kern mit einem Löffel entfernen und das Fruchtfleisch herauslöffeln.

Blattsalate:

Bei allen Blattsalaten die äußeren, harten Blätter und den Wurzelansatz entfernen. Die verbleibenden einzelnen Blätter gründlich waschen und in einer Salatschleuder trocken schleudern. Zum Verzehr die Salatblätter in mundgerechte Stücke zupfen.

Champignons:

Die Champignons ggf. mit einer Gemüsebürste bürsten. Die Schnittfläche am Stiel frisch anschneiden. Bei großen, offenen Köpfen den Stiel herausbrechen und die Lamellen entfernen. Die Haut von den Lamellen her vom Champignonkopf abziehen. Champignons sollten ohne Salz angebraten werden.

Chilischote:

Vorbereitung siehe Paprikaschote. Die Kerne der Chilischoten enthalten die meiste Schärfe; aus diesem Grund sollten Menschen, die darauf sehr empfindlich reagieren, zur Bearbeitung Einmalhandschuhe tragen.

Chicorée:

Vom Chicorée das untere Ende 1 cm breit abschneiden und ggf. äußere, beschädigte Blätter entfernen. Vom Chicorée den Strunk – falls er bitter schmeckt – keilförmig herausschneiden.

Feldsalat:

Vom Feldsalat die Wurzeln abschneiden, allerdings so, dass die Blätter noch zusammenbleiben. Welke Blättchen entfernen und die Feldsalatsträußchen gründlich waschen.

Fenchel:

Vom Fenchel ggf. beschädigte Blätter entfernen oder braune Stellen herausschneiden. Fenchel waschen, der Länge nach halbieren und den Strunkansatz entfernen. Das Fenchelgrün abschneiden, klein schneiden und zum Garnieren über das fertige Gericht streuen.

Frühlingszwiebeln:

Von den Frühlingszwiebeln ggf. die Wurzeln und das harte Grün abschneiden bzw. von der Zwiebel abziehen. Anschließend die geputzten Frühlingszwiebeln gründlich waschen.

Granatapfel:

Den Granatpfel am Stiel keilförmig einschneiden. Entweder kann man den Granatapfel aufbrechen und die Kerne herauslösen oder man zieht die Schale vom Grantapfel von der Mitte nach außen und löst die Kerne dann heraus.

Knollensellerie:

Den Knollensellerie zur Weiterverarbeitung schälen und waschen.

Kohl: (Rotkohl/Weißkohl)

Vom Kohl die äußeren Blätter entfernen und den Wurzelansatz abschneiden. Den Kohl je nach Größe halbieren oder vierteln und den harten Strunk entfernen. Für einen Rohkostsalat den Kohl in dünne Streifen schneiden, in eine Schüssel füllen, mit Meersalz bestreuen und mit den Händen durchkneten. So wird der Kohl etwas weicher.

Kräuter: (Dill, Petersilie, Schnittlauch)

Kräuter direkt nach dem Einkauf waschen, trocken tupfen und bis zum Gebrauch in ein Glas mit Wasser stellen. Zum Gebrauch die Kräuter fein hacken, d. h. die Kräuter werden sehr klein geschnitten, wodurch sie ihr Aroma besonders gut entfalten. Um den Geschmack der gehackten Kräuter zu erhalten, streut man sie in den meisten Fällen erst kurz vor dem Servieren über das fertige Gericht.

Kräuter: (Salbei, Rosmarin, Thymian)

Kräuter waschen. Sind die Stiele der Kräuter holzig, diese abzupfen und die Stiele nicht mitverarbeiten. Falls die Stiele weich sind, kann man diese je nach Rezept im Ganzen weiterverarbeiten.

Mango:

Bei der Mango darauf achten, vollreife Früchte zu verwenden. Die Mango dünn schälen und das Fruchtfleisch nach und nach vom Kern abschneiden.

Möhren:

Möhren gründlich waschen oder bürsten, das Wurzelende und ggf. das Möhrengrün abschneiden. Die Möhren entweder dünn schälen oder mit einem Küchenmesser schaben.

Paprikaschote:

Paprikaschote waschen und einen Deckel abschneiden. Aus dem Deckel den Stiel herausdrücken. Die aufgeschnittene Paprikaschote halbieren und die weißen Trennhäute und Kerne entfernen.

Paprikaschote häuten:

Die Paprika putzen, halbieren und mit der Schnittstelle nach unten auf ein mit Backpapier ausgelegtes Backblech legen. Im Backofen bei 200 °C 15–20 Minuten rösten, bis die Haut dunkle Blasen wirft. Die Paprika aus dem Ofen nehmen, kurz abkühlen lassen und die Haut abziehen.

Porree:

Vom Porree das ledrige Grün und den Wurzelansatz entfernen. Den Porree längs aufschneiden, auseinanderfächern und unter fließendem Wasser gründlich waschen.

Salatgurke:

Salatgurke zur Weiterverarbeitung gründlich waschen. Den Stielansatz und den Blütenansatz abschneiden.

Spitzkohl:

Vom Spitzkohl den Wurzelansatz abschneiden. Die äußeren ledrigen Blätter entfernen und den Spitzkohl je nach Größe halbieren oder vierteln und den harten Strunk entfernen. Für einen Salat schneidet man den Spitzkohl vom Ende her in dünne Streifen. (Würde der Strunk nicht herausgeschnitten, hätte man ihn nach dem Kleinschneiden des Spitzkohls als größere Stücke im Salat.)

Staudensellerie:

Vom Staudensellerie den Strunkansatz entfernen. Die einzelnen Stängel gründlich waschen und ggf. die äußeren Fäden mit dem Messer abziehen. (So, als wolle man die Staudensellerie-Stange schälen, dann lösen sich die Fäden mit der harten Haut ab.) Grünes Sellerielaub abschneiden, klein schneiden und zum Garnieren verwenden.

Tomaten: (Strauchtomaten)

Tomaten waschen, halbieren oder vierteln und den Stielansatz herausschneiden. Für spezielle Gerichte die Kerne und das Fruchtfleisch entfernen.

Tomaten häuten:

Tomaten gegenüber dem Stielansatz kreuzweise einschneiden, in ein hohes Gefäß füllen und mit kochendem Wasser übergießen. Nach 5–10 Minuten das Wasser abgießen und die Haut von den Tomaten abziehen. Die Stielansätze herausschneiden und die Tomaten je nach Rezept weiterverarbeiten.

Zucchini:

Zucchini waschen, den Stielansatz abschneiden und je nach Rezept weiterverarbeiten.

Ein praktischer Tipp zur Nutzung unseres Kochbuchs:

Schmecken Sie jedes Gericht vor dem Servieren ab, um festzustellen, ob es Ihrem individuellen Geschmack entspricht.

Eine Begriffsklärung:

Ein von uns häufig benutzter Begriff ist das Dünsten von Speisen. Dünsten bedeutet, dass das Kochgut (Suppengrün, Zwiebeln und Gemüse) in Öl oder in Butter erhitzt wird, ohne zu bräunen.

Während des Dünstens kann es notwendig werden, etwas Flüssigkeit zum Kochgut zu geben. Dünsten ist eine nährstoffschonende Garmethode.

Zur Information:

Alle fotografierten Gerichte sind von den Autorinnen selbst nach den vorliegenden Originalrezepten gekocht worden.

Alle unsere Rezepte sind genau beschrieben und einfach zuzubereiten! Trotz sorgfältiger Überprüfung der Rezepte können wir auf Grund der unterschiedlichen Beschaffenheit von Lebensmitteln und Kochutensilien nicht für ein Gelingen garantieren.

Hilfreiche Küchenutensilien

KÜCHENUTENSILIEN

Folgende Küchenutensilien sollten in Ihrer Küche vorhanden sein:

... verschiedene Messer
... ein Schneidebrett
... verschiedene Schüsseln
... verschiedene Edelstahltöpfe
... ein größerer und ein kleiner beschichteter Kochtopf
... eine beschichtete und eine Edelstahlpfanne
... ein Bräter
... eine Auflaufform
... eine hohe Rührschüssel
... ein Schneebesen
... ein Pfannenheber
... ein Holzlöffel
... ein Kartoffelstampfer
... ein Schaumlöffel
... ein größeres Sieb
... eine Salatschleuder
... ein Sparschäler zum Kartoffel- und Möhrenschälen
... eine Gemüsereibe
... ein Gemüsehobel
... ein Spätzlehobel
... eine Küchenwaage
... eine Zitruspresse
... ein Messbecher
... eine Backform zum Brotbacken
... ein Handrührgerät mit Knet- und Rührhaken
... ein Stabmixer

RUBRIKEN

Inhalt

Rezepte ohne Fleisch
Salate

Spitzkohlsalat

Zutaten

Vorrat:

Für das Dressing:
1 TL Meersalz
3 EL Balsamico-Essig
6 EL Öl
¼ TL Pfeffer
1 TL Kräutersalz

Einkauf:

1 Bund Petersilie
1 kg Spitzkohl

Zubereitung

Für das Dressing alle angegebenen Zutaten in einer Salatschüssel verrühren.

Petersilie fein hacken und zum Dressing geben.

Spitzkohl putzen, in sehr dünne Streifen schneiden und in die Salatschüssel geben.

Alles gut mischen.

Zubereitungszeit: ca. 20 Minuten

Putz-ABC:

Die Vorbereitung der Zutaten wird auf *Seite 4 ff. beschrieben.*

Tipp:

Dieser Salat schmeckt gut zu Gyros und wird auf jeder Party gern gegessen.

Eisbergsalat

Zutaten

Vorrat:

Für das Dressing:
4 EL Öl
2 EL Zitronensaft
1 EL Salatkräuter (getrocknet)
1 TL Meersalz
¼ TL Pfeffer

Einkauf:

1 Eisbergsalat
250 g Strauchtomaten
1 Salatgurke
1 rote Paprikaschote

Zubereitung

Für das Dressing alle Zutaten in einer Salatschüssel verrühren.

Eisbergsalat waschen, trocken schleudern, klein zupfen und zum Dressing geben.

Tomaten, Gurke und Paprika waschen, putzen, klein schneiden und zum Eisbergsalat geben.

Alles gut mischen.

Zubereitungszeit: ca. 20 Minuten

Putz-ABC:

Die Vorbereitung der Zutaten wird auf Seite 4 ff. beschrieben.

Tipp:

Ein erfrischender Beilagensalat

Endiviensalat mit Crème-fraîche-Frucht-Dressing

Zutaten

VORRAT:

Für das Dressing:
200 g Crème fraîche
2 EL Balsamico-Essig
1 TL Meersalz
¼ TL Pfeffer
2 TL süßer Senf

EINKAUF:

1 Endiviensalat
2 Orangen
1 Banane

Zubereitung

Endiviensalat putzen, waschen und trocken schleudern.

Endiviensalatblätter in dünne Streifen schneiden und in eine Salatschüssel geben.

Orangen und Banane schälen, klein schneiden und in ein hohes Gefäß geben.

Alle angegebenen Dressingzutaten hinzufügen, mit dem Stabmixer pürieren und zum Endiviensalat geben.

Alles gut mischen.

Zubereitungszeit: ca. 20 Minuten

Putz-ABC:

Die Vorbereitung der Zutaten wird auf *Seite 4 ff. beschrieben.*

Tipp:

Passt gut zu Kartoffelpüree oder Kartoffelgratin. Ein wunderbarer Wintersalat!

Feldsalat

Zutaten

VORRAT:

Für das Dressing:
2 EL Balsamico-Essig
4 EL Öl
1 TL Kräutersalz
80 g Walnusskerne (zerkleinert)
grober Pfeffer (aus der Mühle)

EINKAUF:

300–400 g Feldsalat
1 rote Paprikaschote

Zubereitung

Für das Dressing alle angegebenen Zutaten (außer den Walnusskernen) in einer Salatschüssel verrühren.

Feldsalat verlesen, waschen, trocken schleudern und zum Dressing geben.

Paprika waschen, putzen und klein schneiden.

Die Paprikastücke und die zerkleinerten Walnusskerne auf dem Feldsalat verteilen.

Alles gut mischen.

Groben Pfeffer aus der Mühle nach Geschmack über den Salat mahlen.

Zubereitungszeit: ca. 30 Minuten

Putz-ABC:

Die Vorbereitung der Zutaten wird auf Seite 4 ff. beschrieben.

Tipp:

Feldsalat passt zu Nudeln mit unserer Tomatensoße.

Gemischter Wintersalat

Zutaten

Vorrat:

Für das Dressing:
2 EL Balsamico-Essig
4 EL Öl
1 TL Meersalz
¼ TL Pfeffer
1 TL Salatkräuter (getrocknet)
80 g Walnusskerne (zerkleinert)

Einkauf:

150 g Feldsalat
200 g Rucola
200 g Radicchio
1 Orange

Zubereitung

Für das Dressing alle angegebenen Zutaten (außer den Walnusskernen) in einer Salatschüssel verrühren.

Feldsalat, Rucola sowie Radicchio sehr gut waschen und trocken schleudern. Radicchio in Streifen schneiden, mit Feldsalat und Rucola zum Dressing geben.

Alles gut mischen.

Orange schälen, in dünne Scheiben schneiden und mit den zerkleinerten Walnusskernen auf den Salatblättern verteilen.

Zubereitungszeit: ca. 30 Minuten

Putz-ABC:

Die Vorbereitung der Zutaten wird auf Seite 4 ff. beschrieben.

Tipp:

Passt zu unseren Nudelgerichten.

Fenchelsalat

Zutaten

Vorrat:

2 EL Zitronensaft
200 g Schlagsahne
1 TL Meersalz
¼ TL Pfeffer
80 g Walnusskerne
(zerkleinert)

Einkauf:

2 Knollen Fenchel
4 Mandarinen

Zubereitung

Fenchel putzen, in dünne Streifen schneiden und in eine Salatschüssel füllen. Zitronensaft über den Fenchel träufeln.

Sahne, Meersalz und Pfeffer zum Fenchel geben.

Mandarinen schälen, die einzelnen Spalten einmal durchschneiden und mit den zerkleinerten Walnusskernen auf dem Fenchel verteilen.

Alles gut mischen.

Zubereitungszeit: ca. 15 Minuten

Putz-ABC:

Die Vorbereitung der Zutaten wird auf Seite 4 ff. beschrieben.

Tipp:

Für diejenigen, die Fenchel mögen, ist dies ein wunderbarer Vorspeisensalat.

Kohlrabisalat

Zutaten

VORRAT:

Für das Dressing:
200 g Crème fraîche
1 TL Meersalz
¼ TL Pfeffer
2 EL Zitronensaft
½ TL Honig

EINKAUF:

1 Bund Petersilie
500 g Kohlrabi
200 g Möhren

Zubereitung

Für das Dressing alle angegebenen Zutaten in einer Salatschüssel verrühren.

Petersilie fein hacken und zum Dressing geben.

Kohlrabi und Möhren putzen, auf einer Gemüsereibe grob reiben und in die Salatschüssel geben.

Alles gut mischen.

Zubereitungszeit: ca. 15 Minuten

Putz-ABC:

Die Vorbereitung der Zutaten wird auf Seite 4 ff. beschrieben.

Tipp:

Dieser Salat, mit einem Salatblatt in ein Viertel Fladenbrot gegeben, ergibt eine schnelle Mahlzeit zum Mitnehmen.

Fruchtiger Chicoréesalat

Zutaten

VORRAT:

200 g Schlagsahne
½ TL Meersalz
¼ TL Pfeffer
80 g Walnusskerne (zerkleinert)

EINKAUF:

3–4 Chicorée
1 Orange
1 Banane
1 Granatapfel

Zubereitung

Chicorée putzen, in Streifen schneiden und in eine Salatschüssel füllen.

Orange sowie Banane schälen und in ein hohes Gefäß füllen. Sahne, Meersalz und Pfeffer dazugeben und mit dem Stabmixer pürieren. Dieses Dressing auf dem Chicorée verteilen und alles gut mischen.

Granatapfel halbieren und die Kerne herauslösen.

Eine beliebige Menge Granatapfelkerne und die zerkleinerten Walnusskerne auf dem Salat verteilen.

Zubereitungszeit: ca. 15–20 Minuten

Putz-ABC:

Die Vorbereitung der Zutaten wird auf Seite 4 ff. beschrieben.

Tipp:

Granatäpfel bekommt man am besten im Herbst.

Gemischter Rohkostsalat

Zutaten

VORRAT:

Für das Dressing:
4 EL Öl
2 EL Balsamico-Essig
1 TL Meersalz
¼ TL Pfeffer

EINKAUF:

1 Weißkohl
(davon ca. 500 g)
200 g Möhren
2 Äpfel

Zubereitung

Für das Dressing alle angegebenen Zutaten in einer Salatschüssel verrühren.

Weißkohl putzen.

500 g geputzten Weißkohl in sehr dünne Streifen schneiden und zum Dressing geben.

Möhren putzen. Äpfel waschen, vierteln und das Kerngehäuse entfernen. Möhren und Äpfel auf einer Gemüsereibe grob reiben und zum Weißkohl geben.

Alles gut mischen.

Zubereitungszeit: ca. 25 Minuten

Putz-ABC:

Die Vorbereitung der Zutaten wird auf Seite 4 ff. beschrieben.

Tipp:

Passt zu unseren Rosmarinkartoffeln.

Gurkensalat klassisch

Zutaten

VORRAT:

Für das Dressing:
200 g Schlagsahne
2 EL Balsamico-Essig
1 TL Meersalz
¼ TL Pfeffer

EINKAUF:

1 Bund Dill
1 Salatgurke

Zubereitung

Für das Dressing alle angegebenen Zutaten in einer Salatschüssel verrühren.

Dill fein hacken und zum Dressing geben.

Gurke putzen, in ganz dünne Scheiben schneiden oder fein hobeln und in die Salatschüssel geben.

Alles gut mischen.

Zubereitungszeit: ca. 15 Minuten

Putz-ABC:

Die Vorbereitung der Zutaten wird auf Seite 4 ff. beschrieben.

Tipp:

Schmeckt gut zu frisch gekochten Kartoffeln und/oder unseren Frikadellen.

Gurkensalat mit Apfel

Zutaten

VORRAT:

Für das Dressing:
4 EL Öl
2 EL Balsamico-Essig
1 TL Kräutersalz
¼ TL Pfeffer

EINKAUF:

1 Bund Dill
1 Salatgurke
2 Äpfel

Zubereitung

Für das Dressing alle angegebenen Zutaten in einer Salatschüssel verrühren.

Dill fein hacken und zum Dressing geben.

Gurke putzen. Äpfel waschen, vierteln und das Kerngehäuse entfernen. Gurke und Äpfel in ganz dünne Scheiben schneiden oder auf einem Gurkenhobel fein hobeln und in die Salatschüssel geben.

Alles gut mischen.

Zubereitungszeit: ca. 15 Minuten

Putz-ABC:

Die Vorbereitung der Zutaten wird auf Seite 4 ff. beschrieben.

Tipp:

Passt zu unserem Kartoffelgratin.

Möhren-Apfel-Salat

Zutaten

VORRAT:

2 EL Zitronensaft
200 g Schlagsahne
1 TL Kräutersalz

EINKAUF:

500 g Möhren
2 Äpfel
80 g Pinienkerne

Zubereitung

Möhren putzen. Äpfel waschen, vierteln und das Kerngehäuse entfernen. Möhren und Äpfel auf einer Gemüsereibe grob reiben, in eine Salatschüssel geben und mit Zitronensaft beträufeln.

Pinienkerne, Sahne und Kräutersalz dazugeben.

Alles gut mischen.

Zubereitungszeit: ca. 15 Minuten

Putz-ABC:

Die Vorbereitung der Zutaten wird auf Seite 4 ff. beschrieben.

Tipp:

Anstelle der Pinienkerne können Sie klein gehackte Mandeln verwenden.

Möhren-Zucchini-Sellerie-Salat

Zutaten

Vorrat:

Für das Dressing:
2 EL Wasser
4 EL Öl
2 EL Balsamico-Essig
1 TL Kräutersalz
½ TL Meersalz
¼ TL Pfeffer

Einkauf:

350 g Möhren
350 g Zucchini
1 Sellerieknolle
(davon 350 g)

Zubereitung

Das Gemüse (Möhren, Zucchini und Sellerie) putzen, auf einer Gemüsereibe grob reiben und in eine Salatschüssel geben.

Für das Dressing alle angegebenen Zutaten verrühren und zum Gemüse geben.

Alles gut mischen.

Zubereitungszeit: ca. 15–20 Minuten

Putz-ABC:

Die Vorbereitung der Zutaten wird auf Seite 4 ff. beschrieben.

Tipp:

Dieser Salat passt gut zu unseren marinierten Hähnchenkeulen.

Rote-Bete-Salat

Zutaten

VORRAT:

Für das Dressing:
2 EL Balsamico-Essig
3 EL Öl
1 TL Meersalz
¼ TL Pfeffer

EINKAUF:

600 g Rote Bete
2 Äpfel
1 Bund Petersilie

Zubereitung

Für das Dressing alle angegebenen Zutaten in einer Salatschüssel verrühren.

Rote Beten waschen und dünn schälen.

Äpfel waschen, vierteln, dünn schälen und das Kerngehäuse entfernen. Rote Beten und Äpfel auf einer Gemüsereibe grob reiben und in die Salatschüssel geben.

Alles gut mischen.

Petersilie fein hacken und über den fertigen Salat streuen.

Zubereitungszeit: ca. 30 Minuten

Putz-ABC:

Die Vorbereitung der Zutaten wird auf Seite 4 ff. beschrieben.

Tipp:

Zur Bearbeitung der Roten Beten tragen Sie am besten Einmalhandschuhe.

Rotkohlsalat

Zutaten

VORRAT:

½ TL Meersalz
Für das Dressing:
2 EL Balsamico-Essig
4 EL Öl
1 TL Senf
½ TL Meersalz
¼ TL Pfeffer

EINKAUF:

1 Rotkohl
(davon 500 g)
2 Äpfel
1 Orange

Zubereitung

Rotkohl putzen.

500 g des geputzten Rotkohls in sehr dünne Streifen schneiden und in eine Salatschüssel geben.

Den Rotkohl mit etwas Meersalz bestreuen und gut mit den Händen durchkneten. (Dies macht den Rotkohl weicher!)

Für das Dressing alle angegebenen Zutaten verrühren und zum Rotkohl geben.

Äpfel waschen, vierteln, das Kerngehäuse entfernen und klein schneiden. Orange schälen und klein schneiden.

Das zerkleinerte Obst zum Rotkohl geben.

Alles gut mischen.

Zubereitungszeit: ca. 20 Minuten

Putz-ABC:

Die Vorbereitung der Zutaten wird auf Seite 4 ff. beschrieben.

Tipp:

Ein typischer Wintersalat

Sellerie-Rohkostsalat

Zutaten

VORRAT:

Für das Dressing:
200 g Schlagsahne
½ TL Meersalz
¼ TL Pfeffer
1 TL Honig
80 g Walnusskerne
(zerkleinert)

EINKAUF:

3 Orangen
1 Sellerieknolle
(davon 500 g)
2 Äpfel

Zubereitung

2 Orangen auspressen.

Orangensaft und alle angegebenen Dressingzutaten (außer den Walnusskernen) in einer Salatschüssel verrühren.

500 g Sellerie schälen.

Äpfel waschen, vierteln und das Kerngehäuse entfernen.

Sellerie sowie Äpfel auf einer Gemüsereibe grob reiben und zum Dressing geben.

Alles gut mischen.

1 Orange schälen, klein schneiden und mit den zerkleinerten Walnusskernen zum Salat geben.

Nochmals gut mischen.

Zubereitungszeit: ca. 20 Minuten

Putz-ABC:

Die Vorbereitung der Zutaten wird auf Seite 4 ff. beschrieben.

Tipp:

Ein vitaminreicher Wintersalat

Staudensellerie-Ananas-Salat

Zutaten

VORRAT:

3 EL Zitronensaft
200 g Crème fraîche
1 TL Meersalz
¼ TL Paprikapulver
80 g Walnusskerne
(zerkleinert)

EINKAUF:

1 Apfel
1 Staudensellerie
(davon 300 g)
1 Ananas
(davon 500 g)

Zubereitung

Apfel waschen, vierteln und das Kerngehäuse entfernen. Die Apfelstücke auf einer Gemüsereibe grob reiben, in eine Salatschüssel geben und mit Zitronensaft beträufeln.

Crème fraîche, Meersalz und Paprikapulver zum Apfel geben.

Staudensellerie putzen, in dünne Scheiben schneiden und zum Apfel geben.

Ananas putzen. 500 g geputzte Ananas in kleine Stücke schneiden und mit den zerkleinerten Walnusskernen in die Salatschüssel geben.

Alles gut mischen.

Zubereitungszeit: ca. 15–20 Minuten

Putz-ABC:

Die Vorbereitung der Zutaten wird auf Seite 4 ff. beschrieben.

Tipp:

Dieser Salat schmeckt gut zu unseren Frikadellen.

Kartoffelsalat mit Mayonnaise

Zutaten

VORRAT:

8 EL Mayonnaise
(Rezept, siehe S. 163)
800 g Kartoffeln
Meersalz, Pfeffer und
Balsamico-Essig
(zum Nachwürzen)

EINKAUF:

1 Glas Gewürzgurken
(davon ca. 200 g Gurken)
1 Bund Schnittlauch

Zubereitung

Mayonnaise nach Rezept herstellen.

Kartoffeln waschen und in Salzwasser gar kochen.

Die gekochten Kartoffeln abgießen, kurz kaltes Wasser darüberlaufen lassen, schälen und abkühlen lassen.

Die Kartoffeln in Scheiben schneiden und in eine Salatschüssel geben. Mayonnaise unterrühren.

200 g Gewürzgurken klein schneiden, Schnittlauch fein hacken und alles zu den Kartoffeln geben.

Alles gut mischen.

20 Minuten durchziehen lassen, abschmecken und ggf. nachwürzen.

Zubereitungs- und Kochzeit: ca. 50 Minuten

Putz-ABC:

Die Vorbereitung der Zutaten wird auf Seite 4 ff. beschrieben.

Tipp:

Wenn Sie einen cremigeren Kartoffelsalat wünschen, geben Sie einfach noch etwas Gurkenbrühe zum Salat hinzu.

Nudelsalat mit grünem Pesto

Zutaten

VORRAT:

300 g Hörnchen-Nudeln
(Vollkorn)
4 EL Olivenöl
4 EL Balsamico-Essig
1 TL Meersalz
¼ TL Pfeffer
250 g schwarze Oliven
(entsteint)
100 g Zwiebeln

EINKAUF:

150 g grünes Pesto
(Rezept, siehe S. 132)
250 g Cocktailtomaten
1 rote und 1 grüne
Paprikaschote

Zubereitung

Nudeln nach Packungsanleitung kochen, abgießen und abkühlen lassen.

Grünes Pesto nach Rezept herstellen.

Pesto mit Olivenöl, Essig, Meersalz und Pfeffer in einer Salatschüssel verrühren. Oliven ggf. abschütten und dazugeben.

Zwiebel schälen und in kleine Würfel schneiden. Cocktailtomaten waschen und halbieren. Paprika putzen und in kleine Stücke schneiden. Die klein geschnittenen Zutaten zur Salatsoße geben.

Die abgekühlten Nudeln in die Salatschüssel geben.

Alles gut mischen.

Zubereitungs- und Kochzeit: ca. 45 Minuten

Putz-ABC:

Die Vorbereitung der Zutaten wird auf Seite 4 ff. beschrieben.

Tipp:

Ein beliebter Salat, der auf jeder Party gut ankommt

Reissalat pikant

Zutaten

Vorrat:

200 g Vollkornreis
Für das Dressing:
4 EL Balsamico-Essig
4 EL Öl
1 TL Kräutersalz
½ TL Meersalz
¼ TL Pfeffer

Einkauf:

2 gelbe Paprikaschoten
1 Salatgurke
(davon die Hälfte)
250 g Strauchtomaten

Zubereitung

Reis nach Packungsanleitung kochen und abkühlen lassen.

In der Zwischenzeit:

Für das Dressing alle angegebenen Zutaten in einer Salatschüssel verrühren.

Paprika, Gurke sowie Tomaten putzen, klein schneiden und zum Dressing geben.

Den abgekühlten Reis in die Salatschüssel geben.

Alles gut mischen.

Zubereitungszeit: ca. 20 Minuten

Putz-ABC:

Die Vorbereitung der Zutaten wird auf *Seite 4 ff. beschrieben.*

Tipp:

Wenn Sie den Reis bereits am Abend vorher kochen, ist der Salat in 5 Minuten fertig zubereitet.

Emmentaler-Käse-Salat

Zutaten

VORRAT:

Für das Dressing:
4 EL Öl
2 EL Zitronensaft
½ TL Meersalz
¼ TL Pfeffer
100 g Walnusskerne
(zerkleinert)

EINKAUF:

250 g Emmentaler Käse
1 Apfel
250 g kernlose Trauben
(blaue und/oder grüne)

Zubereitung

Für das Dressing alle angegebenen Zutaten (außer den Walnusskernen) in einer Salatschüssel verrühren.

Käse in feine Würfel schneiden und zum Dressing geben.

Apfel putzen, dünn schälen und in kleine Stücke schneiden.

Weintrauben waschen, halbieren und mit den Apfelstücken zum Käse geben.

Die zerkleinerten Walnusskerne auf dem Salat verteilen.

Alles gut mischen.

Zubereitungszeit: ca. 35 Minuten

Putz-ABC:

Die Vorbereitung der Zutaten wird auf Seite 4 ff. beschrieben.

Tipp:

Dazu passt eines unserer Brote.

Griechischer Bauernsalat

Zutaten

VORRAT:

Für das Dressing:
6 EL Olivenöl
3 EL Zitronensaft
½ TL Oregano
1 TL Kräutersalz
¼ TL Pfeffer

200 g schwarze Oliven
(entsteint)
100 g Zwiebeln

EINKAUF:

400 g Strauchtomaten
1 Salatgurke
2 rote Paprikaschoten
200 g Feta-Käse
(griechischer Käse aus Schafsmilch)

Zubereitung

Für das Dressing alle angegebenen Zutaten in einer Salatschüssel verrühren.

Oliven ggf. abschütten.

Tomaten, Gurke sowie Paprika putzen, in mundgerechte Stücke schneiden und mit den Oliven zum Dressing geben.

Zwiebeln schälen und klein würfeln.

Feta-Käse würfeln und mit den Zwiebelstücken zum Dressing geben.

Alles gut mischen.

Zubereitungszeit: ca. 25 Minuten

Putz-ABC:

Die Vorbereitung der Zutaten wird auf *Seite 4 ff. beschrieben.*

Tipp:

Dazu passt sehr gut unser Oliven-Kräuter-Brot.

Greyerzer-Käse-Salat

Zutaten

VORRAT:

Für das Dressing:
2 EL Crème fraîche
4 EL Öl
2 EL Balsamico-Essig
2 TL Senf
(mittelscharf)

EINKAUF:

300 g Greyerzer Käse
200 g Porree
200 g Cocktailtomaten

Zubereitung

Für das Dressing alle angegebenen Zutaten in einer Salatschüssel verrühren.

Käse in kleine Stücke schneiden und zum Dressing geben.

Porree putzen und in dünne Ringe schneiden.

Cocktailtomaten waschen, halbieren und mit dem Porree zum Käse geben.

Alles gut mischen.

Zubereitungszeit: ca. 20 Minuten

Putz-ABC:

Die Vorbereitung der Zutaten wird auf Seite 4 ff. beschrieben.

Tipp:

Dazu passt eines unserer Brote.

Rezepte
ohne
Fleisch
Suppen

Tomatensuppe

Zutaten

VORRAT:

100 g Zwiebeln
2 EL Öl
4 EL Tomatenmark
200 g Crème fraîche
1 TL Meersalz
1 TL Kräutersalz
¼ TL Pfeffer

EINKAUF:

1 kg Strauchtomaten
1 Bund Schnittlauch

Zubereitung

Zwiebeln schälen, klein schneiden und in Öl in einem höheren Kochtopf andünsten.

Tomaten häuten, klein schneiden und zusammen mit dem Tomatenmark zu den Zwiebeln geben.

Alles 20 Minuten köcheln lassen.

Die Suppe von der Herdplatte ziehen, Crème fraîche unterrühren und vorsichtig mit dem Stabmixer pürieren.

Mit Meersalz, Kräutersalz und Pfeffer würzen.

Schnittlauch fein hacken und die fertige Suppe damit bestreuen.

Zubereitungs- und Kochzeit: ca. 40 Minuten

Putz-ABC:

Die Vorbereitung der Zutaten wird auf Seite 4 ff. beschrieben.

Brokkolisuppe

Zutaten

VORRAT:

1 l Gemüsebrühe
2 EL Vollkornmehl
200 g Crème fraîche
1 TL Kräutersalz
¼ TL Pfeffer
1 EL Butter

EINKAUF:

1 kg Brokkoli
100 g Mandelblätter

Zubereitung

Gemüsebrühe nach Packungsanleitung in einem höheren Kochtopf herstellen.

Brokkoli waschen, zerteilen, in die Gemüsebrühe geben und 15 Minuten kochen lassen.

Suppe von der Herdplatte ziehen, Vollkornmehl, Crème fraîche und Gewürze hinzufügen und vorsichtig mit dem Stabmixer pürieren.

Alles 5 Minuten köcheln lassen und mit Kräutersalz sowie Pfeffer würzen.

Butter in der Pfanne schmelzen, Mandelblätter hineingeben und kurz anrösten.

Suppe in Teller füllen und Mandelblätter auf der Suppe verteilen.

Zubereitungs- und Kochzeit: ca. 30 Minuten

Tipp:

Je nach Geschmack können Sie diese Suppe mit Gemüsebrühe verdünnen.

Champignon-Crème-Suppe

Zutaten

VORRAT:

150 g Zwiebeln
1 EL Butter
¾ l Wasser und
1 TL Meersalz
¼ TL Pfeffer
2 EL Vollkornmehl
200 g Crème fraîche

EINKAUF:

500 g Champignons
1 Bund Petersilie

Zubereitung

Zwiebeln schälen und fein würfeln.

Champignons putzen und in Scheiben schneiden.

Zwiebeln und Champignons in Butter in einem Kochtopf andünsten. Mit Wasser auffüllen und Meersalz sowie Pfeffer hinzufügen.

Vollkornmehl mit 3 Esslöffeln kaltem Wasser glatt rühren und in die Suppe einrühren.

Alles aufkochen und 15 Minuten köcheln lassen.

Petersilie fein hacken.

Crème fraîche in die Suppe einrühren und die fertige Suppe mit fein gehackter Petersilie bestreuen.

Zubereitungs- und Kochzeit: ca. 30 Minuten

Putz-ABC:

Die Vorbereitung der Zutaten wird auf Seite 4 ff. beschrieben.

Tipp:

Verwenden Sie für diese Suppe auch einmal die braunen Champignons.

Kürbissuppe

Zutaten

VORRAT:

1 l Gemüsebrühe
150 g Kartoffeln
1 TL Meersalz
¼ TL Pfeffer
200 g Crème fraîche
Muskatnuss
(gerieben)

EINKAUF:

1 kg Hokkaido-Kürbis
250 g Möhren
evtl. einige getrocknete
Kürbiskerne

Zubereitung

(Der Hokkaido-Kürbis kann mit der Schale gekocht werden!)

Gemüsebrühe nach Packungsanleitung in einem höheren Kochtopf herstellen.

Kürbis durchschneiden, Kerne und Fasern entfernen und das feste Fleisch in Stücke schneiden.

Kartoffeln schälen und klein schneiden. Möhren putzen und klein schneiden. Die zerkleinerten Zutaten mit den Kürbisstücken in die Gemüsebrühe geben. Meersalz und Pfeffer hinzufügen und alles 20–25 Minuten kochen lassen.

Die Suppe von der Herdplatte ziehen, vorsichtig mit dem Stabmixer pürieren und Crème fraîche einrühren. Mit geriebener Muskatnuss abschmecken.

Eventuell mit *getrockneten* Kürbiskernen garnieren.

Zubereitungs- und Kochzeit: ca. 45 Minuten

Putz-ABC:

Die Vorbereitung der Zutaten wird auf Seite 4 ff. beschrieben.

Überbackene Zwiebelsuppe

Zutaten

VORRAT:

1 l Gemüsebrühe
600 g Zwiebeln
3 EL Öl
Meersalz und Pfeffer
(zum Nachwürzen)

EINKAUF:

4 Scheiben Vollkornbrot
(oder selbstgebackenes Brot)
100 g Käse
(mild oder herzhaft,
je nach Geschmack)

Zubereitung

Gemüsebrühe nach Packungsanleitung herstellen.

Zwiebeln schälen, in Ringe schneiden und in Öl in einem Kochtopf andünsten. Mit der Gemüsebrühe auffüllen und 15–20 Minuten köcheln lassen.

Suppe abschmecken und ggf. mit Meersalz und Pfeffer nachwürzen.

Brotscheiben toasten und in mundgerechte Stücke schneiden.

Suppe in Portionstassen füllen und die Brotstücke auf der Suppe verteilen.

Käse reiben und auf dem Brot verteilen.

Im vorgeheizten Backofen bei 180 °C 10–15 Minuten überbacken.

Zubereitungs-, Koch- und Backzeit: ca. 45 Minuten

Tipp:

Lässt sich gut vorbereiten. Ist ein Party-Hit!

Rezepte ohne Fleisch mit Nudeln

Spätzle mit gebratenen Zwiebeln

Zutaten

VORRAT:

500 g Vollkornmehl
1 TL Meersalz
5 Eier
200 ml Wasser
600 g Zwiebeln
2 EL Öl

Zubereitung

2 Liter Wasser mit 1 TL Meersalz (zum Garen der Spätzle) zum Kochen bringen.

Mehl, Meersalz, Eier und Wasser mit dem Handrührgerät oder einem Holzlöffel verrühren, bis der Teig zähflüssig geworden ist.

Spätzleteig nach und nach auf einen Spätzlehobel geben und in das kochende Salzwasser schaben. (Die Spätzle sind gar, wenn sie auf der Wasseroberfläche schwimmen.)

Die Spätzle mit dem Schaumlöffel aus dem Wasser herausnehmen und in ein Sieb umfüllen. Kurz kaltes Wasser über die Spätzle laufen lassen und die Spätzle abtropfen lassen.

Zwiebeln schälen, halbieren, in dünne Scheiben schneiden und in einer großen Pfanne in Öl andünsten.

Die Spätzle zu den Zwiebeln geben und unter Rühren noch einmal kurz erhitzen.

Zubereitungszeit: ca. 30 Minuten

Bandnudeln mit Mangold

Zutaten

VORRAT:

500 g Bandnudeln
(Vollkorn)
¼ l Gemüsebrühe
150 g Zwiebeln
1 EL Öl
200 g Crème fraîche
1–2 TL Meersalz
¼ TL Pfeffer
¼ TL Muskatnuss

EINKAUF:

750 g Mangold
evtl. Parmesan

Zubereitung

Nudeln nach Packungsanleitung kochen, abgießen und zur Seite stellen.

Gemüsebrühe nach Packungsanleitung herstellen.

In der Zwischenzeit Zwiebeln schälen, würfeln und in Öl in einem Kochtopf andünsten.

Vom Mangold den Strunk abschneiden. Mangold waschen und in dünne Streifen schneiden, zu den Zwiebeln geben und 5 Minuten dünsten.

Den Mangold mit Gemüsebrühe auffüllen, zugedeckt 10–15 Minuten köcheln lassen und dabei gelegentlich umrühren.

Crème fraîche zum Mangold geben und mit Meersalz, Pfeffer und geriebener Muskatnuss würzen.

Nudeln zum Mangold geben und alles gut mischen. Eventuell noch etwas Parmesan über die Nudeln reiben.

Zubereitungs- und Kochzeit: ca. 30 Minuten

Grüne Pasta

Zutaten

VORRAT:

150 ml Gemüsebrühe
200 g Zwiebeln
1 EL Olivenöl

EINKAUF:

500 g grüne Bandnudeln
150 g grünes Pesto
(Rezept, siehe S. 132)
2 grüne Paprikaschoten
1 Bund glatte Petersilie

Zubereitung

Nudeln nach Packungsanleitung kochen, abgießen und in einem Kochtopf zur Seite stellen.

Grünes Pesto nach Rezept herstellen.

Gemüsebrühe nach Packungsanleitung herstellen.

In der Zwischenzeit:

Zwiebeln schälen und Paprika putzen. Zwiebeln sowie Paprika in dünne Scheiben schneiden und in Olivenöl in einer Pfanne 10–15 Minuten dünsten.

Pesto und Gemüsebrühe dazugeben und kurz erhitzen. Die Zwiebel-Paprika-Masse auf die Nudeln geben und gut mischen.

Petersilie fein hacken und vor dem Servieren über das fertige Gericht streuen.

Zubereitungs- und Kochzeit: ca. 30 Minuten

Putz-ABC:

Die Vorbereitung der Zutaten wird auf Seite 4 ff. beschrieben.

Tipp:

Falls Ihnen die Pasta zu trocken erscheint, geben Sie noch etwas Gemüsebrühe hinzu.

Sahnenudeln mit Kräutern

Zutaten

VORRAT:

500 g Bandnudeln (Vollkorn)
1 EL Butter
200 g Crème fraîche
200 g Schlagsahne
1 TL Kräutersalz
1 TL Meersalz
¼ TL Pfeffer

EINKAUF:

2 Bund Frühlingszwiebeln
1 Bund glatte Petersilie
250 g Cocktailtomaten

Zubereitung

Nudeln nach Packungsanleitung kochen, abgießen und in einem Kochtopf zur Seite stellen.

In der Zwischenzeit:

Frühlingszwiebeln putzen, in Ringe schneiden und in einer Pfanne mit Butter 3–5 Minuten dünsten.

Crème fraîche, Sahne und Gewürze zu der Zwiebelmasse geben und 3 Minuten köcheln lassen.

Alles zu den Nudeln geben und gut mischen.

Petersilie fein hacken. Cocktailtomaten waschen und halbieren.

Die Nudeln portionsweise auf Teller verteilen. Die Petersilie darüberstreuen und die Cocktailtomaten auf den Nudeln verteilen.

Zubereitungs- und Kochzeit: ca. 30 Minuten

Putz-ABC:

Die Vorbereitung der Zutaten wird auf Seite 4 ff. beschrieben.

Tipp:

Ein sehr schnelles und komplettes Gericht

Tagliatelle mit Gorgonzolasoße

Zutaten

VORRAT:

500 g Tagliatelle-Nudeln (Vollkorn)
200 g Crème fraîche

EINKAUF:

200–250 g Gorgonzola

Zubereitung

Nudeln nach Packungsanleitung kochen, abgießen und in einem Kochtopf zur Seite stellen.

In der Zwischenzeit:

Gorgonzola sowie Créme fraîche in eine Pfanne geben und bei niedriger Temperatur unter Rühren erhitzen, bis der Käse geschmolzen ist.

Die fertige Soße mit den Nudeln mischen.

Zubereitungs- und Kochzeit: ca. 30 Minuten

Tipp:

Falls Sie es gern etwas schärfer mögen, können Sie über das fertige Gericht noch groben Pfeffer mahlen.

Geheimtipp:

Servieren Sie dazu einen unserer Blattsalate.

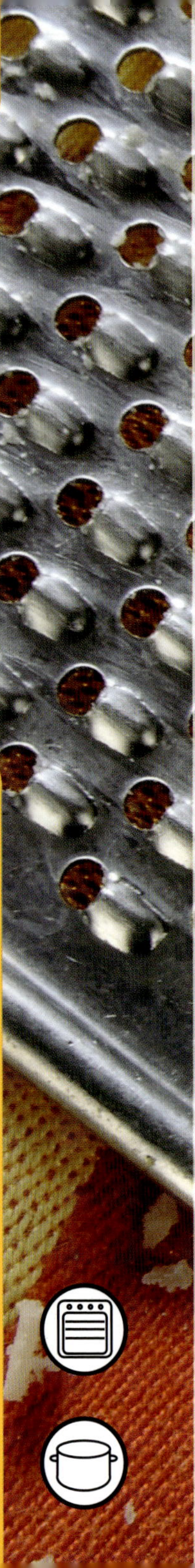

Makkaroni-Erbsen-Auflauf

Zutaten

VORRAT:

300 g Makkaroni-Nudeln (Vollkorn)
100 g Zwiebeln
2 EL Öl
2 TL Meersalz
¼ TL Pfeffer
¼ l Gemüsebrühe
200 g Crème fraîche

EINKAUF:

600 g Champignons
450 g Erbsen (tiefgekühlt)
600 g Strauchtomaten
100 g Emmentaler Käse

Zubereitung

Nudeln nach Packungsanleitung kochen, abgießen und zur Seite stellen.

In der Zwischenzeit Zwiebeln schälen, klein schneiden und in einem Kochtopf in Öl andünsten. Champignons putzen, in Scheiben schneiden und mit den Erbsen zu den Zwiebeln geben. Tomaten putzen, klein schneiden und dazugeben. Mit Meersalz und Pfeffer würzen. Alles 10 Minuten dünsten.

Gemüsebrühe nach Packungsanleitung herstellen und mit Crème fraîche in das gedünstete Gemüse einrühren. Nudeln und Gemüse abwechselnd in eine Auflaufform schichten. Emmentaler reiben und als letzte Schicht darüberstreuen.

Den Auflauf bei 180 °C 20–30 Minuten im vorgeheizten Backofen überbacken.

Zubereitungs-, Koch- und Backzeit: ca. 55 Minuten

Putz-ABC:

Die Vorbereitung der Zutaten wird auf Seite 4 ff. beschrieben.

Nudel-Brokkoli-Käse-Auflauf

Zutaten

VORRAT:

500 g Hörnchen-Nudeln (Vollkorn)
½ l Gemüsebrühe
1 EL Butter
2 EL Vollkornmehl
200 g Crème fraîche
1 TL Senf (mittelscharf)

EINKAUF:

500 g Brokkoli
100 g Emmentaler Käse

Zubereitung

Nudeln nach Packungsanleitung kochen, abgießen und in eine große Auflaufform geben.

Gemüsebrühe nach Packungsanleitung herstellen.

In der Zwischenzeit Brokkoli waschen, in kleine Röschen teilen und in der Gemüsebrühe 2–3 Minuten bissfest garen.

Brokkoli mit einem Schaumlöffel aus der Brühe herausnehmen und auf den Nudeln verteilen.

Butter schmelzen, Mehl einrühren und mit der Gemüsebrühe (vom Brokkoli) unter ständigem Rühren ablöschen. Kurz aufkochen lassen. Crème fraîche und Senf einrühren. Käse reiben und hinzufügen. Unter Rühren solange köcheln lassen, bis der Käse geschmolzen ist.

Die Käsesoße über die Brokkolinudeln gießen.

Den Auflauf bei 180 °C 25–30 Minuten im vorgeheizten Backofen überbacken.

Zubereitungs-, Koch- und Backzeit: ca. 50 Minuten

Nudeln mit Tomatensoße

Zutaten

VORRAT:

500 g Spaghetti-Nudeln (Vollkorn)
100 g Zwiebeln
2 EL Öl
2 EL Tomatenmark
1 TL Meersalz
1 TL Kräutersalz
½ TL Pfeffer
1 EL Vollrohrzucker

EINKAUF:

800 g Strauchtomaten
100 g Möhren
evtl. Parmesan

Zubereitung

Nudeln nach Packungsanleitung kochen, abgießen und zur Seite stellen.

Tomaten und Möhren putzen und klein schneiden. Zwiebeln schälen und klein schneiden.

Die klein geschnittenen Zutaten in Öl in einem höheren Kochtopf 10–15 Minuten dünsten.

Tomatenmark sowie Gewürze dazugeben und kurz köcheln lassen. Den Kochtopf von der Herdplatte ziehen und die Tomatenmasse vorsichtig mit dem Stabmixer pürieren.

Nudeln portionsweise auf Tellern verteilen und mit der Tomatensoße servieren.

Nach Geschmack Parmesan darüberreiben.

Zubereitungs- und Kochzeit: ca. 30 Minuten

Putz-ABC:

Die Vorbereitung der Zutaten wird auf Seite 4 ff. beschrieben.

Tomaten-Mozzarella-Auflauf mit rotem Pesto

Zutaten

VORRAT:

¼ l Gemüsebrühe
500 g Hörnchen-Nudeln
(Vollkorn)
200 g Crème fraîche
200 g Schlagsahne
1 TL Kräutersalz
¼ TL Pfeffer

EINKAUF:

150 g rotes Pesto
(Rezept, siehe S. 131)
600 g Strauchtomaten
250 g Mozzarella
1 Bund Basilikum
(davon 10–12 Blätter)

Zubereitung

Rotes Pesto nach Rezept herstellen. Gemüsebrühe nach Packungsanleitung herstellen.

Nudeln nach Packungsanleitung kochen, abgießen und zur Seite stellen.

In der Zwischenzeit Tomaten putzen. Tomaten und Mozzarella in Scheiben schneiden.

Crème fraîche, Sahne, rotes Pesto, Gemüsebrühe, Kräutersalz und Pfeffer verrühren.

Nudeln, Tomaten und Mozzarella abwechselnd in eine Auflaufform schichten. Die Soße darauf verteilen. Den Auflauf bei 180 °C 20–25 Minuten im vorgeheizten Backofen überbacken.

Klein gezupfte Basilikumblätter kurz vor dem Servieren auf dem Auflauf verteilen.

Zubereitungs-, Koch- und Backzeit: ca. 60 Minuten

Putz-ABC:

Die Vorbereitung der Zutaten wird auf Seite 4 ff. beschrieben.

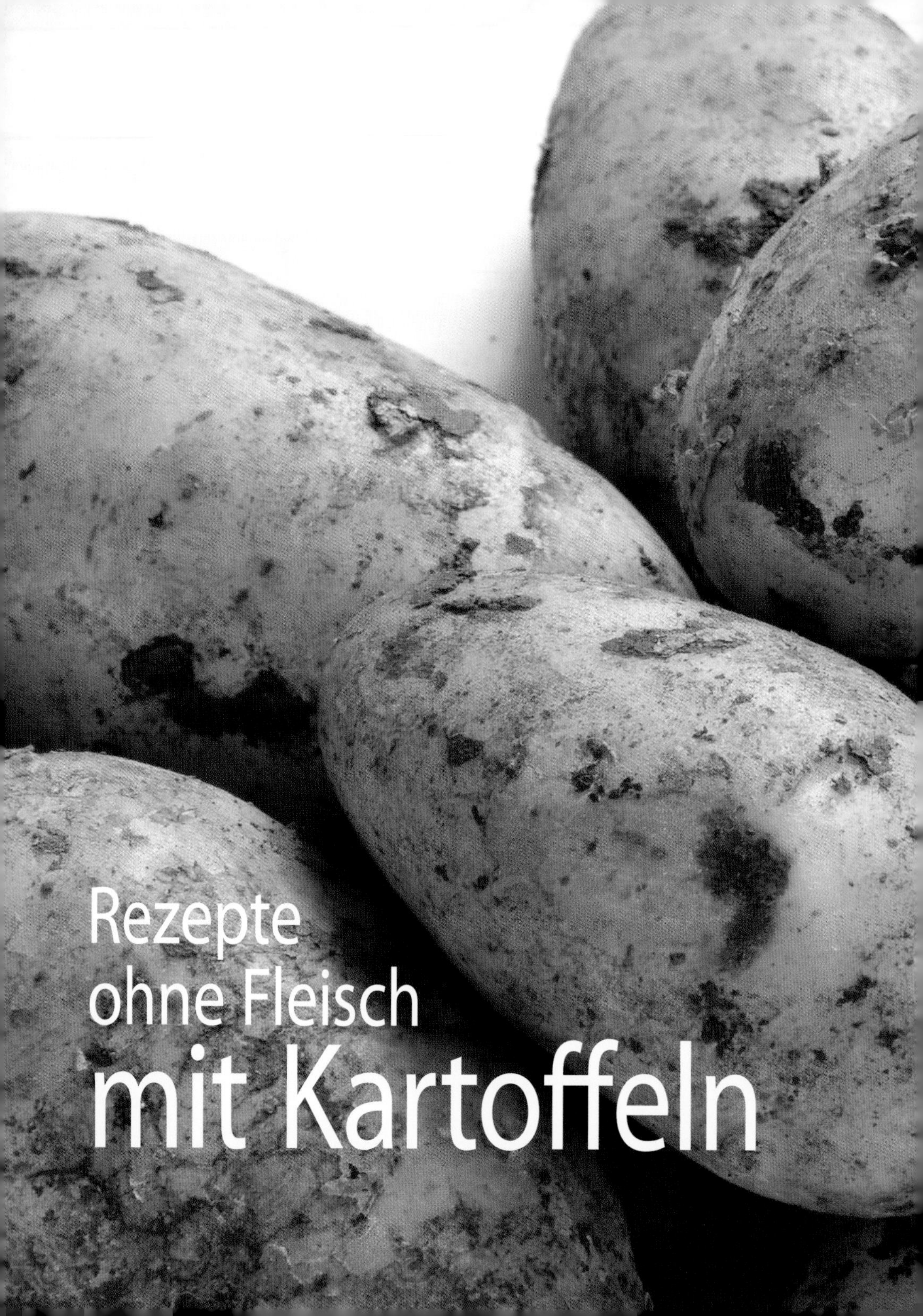
Rezepte
ohne Fleisch
mit Kartoffeln

Pellkartoffeln mit Kräuterquark

Zutaten

VORRAT:

1 kg Kartoffeln
4 EL Schlagsahne
2 EL Balsamico-Essig
2 TL Kräutersalz
¼ TL Pfeffer

EINKAUF:

500 g Magerquark
1 Bund Schnittlauch
1 Bund Basilikum
1 Bund Dill

Zubereitung

Kartoffeln gut abwaschen, bürsten (dann kann man die Schale mitessen) und in Salzwasser gar kochen.

In der Zwischenzeit:

Quark mit Sahne, Essig und Gewürzen in einer Schüssel glatt rühren.

Kräuter fein hacken und unter den Quark rühren.

Pellkartoffeln abgießen und kurz kaltes Wasser darüberlaufen lassen. Die Kartoffeln schälen und mit dem Kräuterquark servieren.

Zubereitungs- und Kochzeit: ca. 30 Minuten

Putz-ABC:

Die Vorbereitung der Zutaten wird auf Seite 4 ff. beschrieben.

Tipp:

Servieren Sie den Kräuterquark auf einigen Salatblättern. Das sieht dann besonders appetitlich aus.

Kartoffelpüree

Zutaten

VORRAT:

1 kg Kartoffeln
100 ml Schlagsahne
2 EL Butter
1 TL Meersalz
Muskatnuss
(gerieben)

Zubereitung

Kartoffeln waschen, schälen und 20–25 Minuten in Salzwasser gar kochen.

Danach das überschüssige Wasser von den Kartoffeln abgießen und auffangen.

Kartoffeln stampfen und währenddessen zuerst Sahne und anschließend Kartoffelwasser dazugeben, bis ein lockeres Püree entstanden ist. Butter und Meersalz hinzufügen und mit geriebener Muskatnuss abschmecken.

Zubereitungs- und Kochzeit: ca. 40 Minuten

Tipp:

Der Kartoffelbrei schmeckt zu unserem Möhrengemüse und Frikadellen oder zu gebratenen Zwiebeln und Apfelmus!

Geheimtipp:

Durch den »altmodischen« Kartoffelstampfer bekommt das Kartoffelpüree eine lockere Konsistenz.

Reibeplätzchen

Zutaten

VORRAT:

1 kg Kartoffeln
100 g Zwiebeln
1 EL Vollkornmehl
1 EL Vollkornhaferflocken
1 Ei
1 TL Meersalz
¼ TL Pfeffer
¼ TL Muskatnuss
ungehärtetes Kokosfett
(1–2 TL pro Bratvorgang)

Zubereitung

Kartoffeln schälen und auf einer Gemüsereibe fein reiben.

Zwiebel schälen, fein würfeln und mit Vollkornmehl, Haferflocken, Ei und den Gewürzen zu der Kartoffelmasse geben. Alles gut mischen.

Ungehärtets Kokosfett in einer Pfanne erhitzen.

Mit einem großen Gemüselöffel (1 Löffel ergibt 1 Plätzchen) den Teig in gleichmäßigen Portionen nach und nach in die Pfanne geben. Die Reibeplätzchen von beiden Seiten bei mittlerer Temperatur goldgelb braten.

Zubereitungs- und Backzeit: ca. 60 Minuten

Tipp: Dazu passt sehr gut Apfelmus

Vier Äpfel waschen, vierteln, schälen, das Kerngehäuse entfernen und mit 4 EL Wasser und dem Saft einer Zitrone bei niedriger Temperatur dünsten, bis die Äpfel zerfallen. Die gekochten Äpfel mit dem Stabmixer pürieren und ggf. mit Vollrohrzucker süßen.

Folienkartoffeln mit gebratenen Champignons

Zutaten

VORRAT:

4 Kartoffeln (ca. 800 g)
2 x 1 TL Kräutersalz
1 EL Butter
200 g Crème fraîche
1 EL Balsamico-Essig
¼ TL Pfeffer

EINKAUF:

500 g braune Champignons
1 Bund Frühlingszwiebeln

Zubereitung

Kartoffeln gut waschen und abbürsten. Die Kartoffeln einzeln auf je ein ca. 30 x 30 cm großes Stück Alufolie legen und mit der Folie einschlagen. Die Alufolie oben zusammendrücken.

Kartoffeln im Backofen bei 180 °C 55–60 Minuten backen.

Champignons putzen und in Scheiben schneiden. Frühlingszwiebeln putzen und in Röllchen schneiden. Champignons und Frühlingszwiebeln mit 1 TL Kräutersalz in Butter 5–10 Minuten dünsten.

Crème fraîche mit Essig, 1 TL Kräutersalz und Pfeffer verrühren.

Die Kartoffeln aus dem Ofen nehmen und die Alufolie öffnen. Die Kartoffeln einzeln einschneiden, ein wenig auseinanderdrücken, die gedünsteten Champignons und die Crème-fraîche-Masse darauf verteilen.

Zubereitungs-, Koch- und Backzeit: ca. 65 Minuten

Putz-ABC:

Die Vorbereitung der Zutaten wird auf Seite 4 ff. beschrieben.

Tipp:

Wer gerne Crème fraîche isst, bereitet direkt die doppelte Menge zu.

Kartoffelgratin

Zutaten

VORRAT:

½ l Gemüsebrühe
1 kg Kartoffeln
200 g Schlagsahne
1 TL Kräutersalz
¼ TL Pfeffer
¼ TL Muskat

EINKAUF:

200 g Porree
100 g Emmentaler Käse

Zubereitung

Gemüsebrühe nach Packungsanleitung herstellen.

Porree putzen und in dünne Ringe schneiden.

Emmentaler Käse reiben.

Kartoffeln schälen, in dünne Scheiben schneiden und mit Gemüsebrühe, Sahne und Gewürzen in einem Kochtopf unter mehrmaligem Rühren 8–10 Minuten köcheln lassen.

Den geriebenen Emmentaler Käse unterrühren.

Die Kartoffelmasse in eine geölte Auflaufform füllen, mit Alufolie abdecken und im vorgeheizten Backofen bei 200 °C 50–60 Minuten überbacken.

Zubereitungs-, Koch- und Backzeit: ca. 70 Minuten

Putz-ABC:

Die Vorbereitung der Zutaten wird auf *Seite 4 ff. beschrieben.*

Tipp:

Sie können anstelle des Porrees 1 Bund Frühlingszwiebeln verwenden.

Schlemmer-Sahnekartoffeln

Zutaten

VORRAT:

1 kg Kartoffeln
1 EL Butter
100 g Zwiebeln
1 TL Meersalz
¼ TL Pfeffer
200 g Schlagsahne

EINKAUF:

1 Bund Petersilie

Zubereitung

Kartoffeln gründlich waschen.

Kartoffeln mit der Schale 20–25 Minuten in Salzwasser gar kochen.

Die Kartoffeln in ein Sieb abschütten und kurz kaltes Wasser darüber laufen lassen. Die Kartoffeln schälen.

Zwiebeln schälen und klein schneiden. Butter in einer großen Pfanne erhitzen, die Zwiebeln dazugeben und 5 Minuten dünsten.

Kartoffeln dazugeben, mit Sahne auffüllen, mit Meersalz und Pfeffer würzen und 10 Minuten köcheln lassen.

Petersilie fein hacken und vor dem Servieren auf die Sahnekartoffeln streuen.

Zubereitungs- und Kochzeit: ca. 35 Minuten

Putz-ABC:

Die Vorbereitung der Zutaten wird auf Seite 4 ff. beschrieben.

Tipp:

Für dieses Gericht eignen sich besonders kleine Kartoffeln.

Rosmarinkartoffeln

Zutaten

VORRAT:

800 g Kartoffeln
2 EL Olivenöl
1 TL Meersalz

EINKAUF:

frischer Rosmarin
(davon 2 Ästchen)

Zubereitung

Kartoffeln gründlich waschen oder mit einer Gemüsebürste säubern und vierteln.

Backblech mit Backpapier auslegen.

Die Kartoffelstücke darauf verteilen, mit Olivenöl beträufeln und mit Meersalz bestreuen.

Rosmarinnadeln darüber verteilen und im vorgeheizten Backofen bei 180 °C 45–50 Minuten backen.

Zubereitungs- und Backzeit: ca. 60 Minuten

Putz-ABC:

Die Vorbereitung der Zutaten wird auf *Seite 4 ff. beschrieben.*

Tipp:

Sehr lecker zu gegrilltem Fleisch und/oder Salat

Rezepte ohne Fleisch mit Gemüse

Champignonpfanne

Zutaten

Vorrat:

2 EL Butter
200 g Zwiebeln
1 TL Meersalz
½ TL Kräutersalz
¼ TL Pfeffer

Einkauf:

1 kg Champignons
(weiße)

Zubereitung

Champignons putzen, in dicke Scheiben schneiden und in einer Pfanne mit Butter 5 Minuten dünsten.

In der Zwischenzeit:

Zwiebeln schälen, halbieren, in Scheiben schneiden, zu den Champignons geben und alles weitere 8 Minuten dünsten.

Mit Meersalz, Kräutersalz und Pfeffer würzen.

Zubereitungs- und Bratzeit: ca. 30 Minuten

Putz-ABC:

Die Vorbereitung der Zutaten wird auf Seite 4 ff. beschrieben.

Tipp:

Verwenden Sie doch einmal die braunen Champignons.

Gemüsegratin

Zutaten

VORRAT:

800 g Kartoffeln
½ l Gemüsebrühe
2 EL Vollkornmehl
200 g Schlagsahne
1 TL Meersalz
¼ TL Pfeffer
¼ TL Muskatnuss

EINKAUF:

500 g Möhren
400 g Porree
1 Blumenkohl
100 g Emmentaler Käse

Hinweis: Bereiten Sie dieses Gericht in einem beschichteten Kochtopf zu.

Zubereitung

Kartoffeln schälen und in Scheiben schneiden.

Möhren und Porree putzen und in Scheiben schneiden.

Blumenkohl waschen und die Röschen vom Strunk abschneiden.

Gemüsebrühe nach Packungsanleitung herstellen und mit Vollkornmehl, Sahne sowie den Gewürzen in einem beschichteten Kochtopf glatt rühren.

Das klein geschnittene Gemüse dazugeben und alles 10 Minuten köcheln lassen.

Käse reiben. Die Gemüsemasse in eine Auflaufform füllen und mit dem geriebenem Käse bestreuen.

Im vorgeheizten Backofen bei 180 °C 35–40 Minuten überbacken.

Zubereitungs-, Koch- und Backzeit: ca. 50 Minuten

Putz-ABC:

Die Vorbereitung der Zutaten wird auf Seite 4 ff. beschrieben.

Tipp:

Anstelle des Porrees kann man auch Frühlingszwiebeln verwenden.

Mediterrane Gemüsepfanne

Zutaten

VORRAT:

200 g Zwiebeln
1 TL Meersalz
1 TL Oregano
(getrocknet)
4 EL Olivenöl
grober Pfeffer
(aus der Mühle)

EINKAUF:

500 g Auberginen
500 g Zucchini
500 g Champignons
2 rote Paprikaschoten

Zubereitung

Zwiebeln schälen und in mundgerechte Stücke schneiden.

Das Gemüse (Auberginen, Zucchini, Champignons und Paprika) putzen, waschen, in mundgerechte Stücke schneiden und 8–10 Minuten in Olivenöl dünsten. (Das Gemüse sollte nach dem Dünsten noch bissfest sein.)

Gewürze dazugeben und vor dem Servieren je nach Geschmack groben Pfeffer aus der Mühle darübermahlen.

Zubereitungs- und Bratzeit: ca. 30 Minuten

Putz-ABC:

Die Vorbereitung der Zutaten wird auf Seite 4 ff. beschrieben.

Tipp:

Dazu passt Basmati-/Wildreis.

Möhrengemüse

Zutaten

VORRAT:

100 g Zwiebeln
1 EL Butter
4 EL Wasser
1 TL Meersalz
1 EL Honig

EINKAUF:

1 kg Möhren
1 Apfel

Zubereitung

Möhren putzen und in Scheiben schneiden.

Die Zwiebeln schälen und in Würfel schneiden.

In einem Kochtopf Butter erhitzen und die Zwiebeln darin 3–5 Minuten dünsten.

Äpfel waschen, vierteln, dünn schälen und das Kerngehäuse entfernen. Die Äpfel in kleine Stücke schneiden und mit den Möhrenscheiben, etwas Wasser und Meersalz zu den Zwiebeln geben.

Das Gemüse 20 Minuten köcheln lassen.

Honig in das Möhrengemüse einrühren.

Zubereitungs- und Kochzeit: ca. 30 Minuten

Putz-ABC::

Die Vorbereitung der Zutaten wird auf Seite 4 ff. beschrieben.

Tipp:

Schmeckt sehr gut zu unserem Kartoffelpüree und/oder Frikadellen.

Möhren-Kartoffel-Auflauf mit Porree

Zutaten

VORRAT:

1 kg Kartoffeln
½ l Gemüsebrühe
200 g Schlagsahne
1 TL Kräutersalz
¼ TL Pfeffer
¼ TL Muskatnuss

EINKAUF:

1 kg Möhren
400 g Porree
100 g Gouda

Zubereitung

Kartoffeln schälen.

Möhren und Porree putzen. Kartoffeln und Gemüse in Scheiben schneiden.

Gemüsebrühe nach Packungsanleitung in einem Kochtopf herstellen und die klein geschnittenen Zutaten in der Gemüsebrühe kurz zum Kochen bringen. (Die Gemüsescheiben sollten nach dem Kochen noch bissfest sein.)

Kartoffeln und Gemüse mit einem Schaumlöffel aus der Brühe herausnehmen und in eine geölte Auflaufform geben. 200 ml der Gemüsebrühe und Sahne mit den Gewürzen verrühren und über das Gemüse gießen.

Käse reiben, auf dem Auflauf verteilen und im vorgeheizten Backofen bei 180 °C 35–40 Minuten überbacken.

Zubereitungs-, Koch- und Backzeit: ca. 60 Minuten

Putz-ABC:

Die Vorbereitung der Zutaten wird auf *Seite 4 ff. beschrieben.*

Tipp:

Den vorbereiteten Auflauf können Sie jederzeit im Backofen fertig backen.

Backofen-Rote-Bete mit Remoulade

Zutaten

EINKAUF:

Remoulade
(Rezept, siehe S. 164)
4–6 Rote Beten

Zubereitung

Remoulade nach Rezept herstellen.

Rote Beten gründlich waschen, ggf. Laub abschneiden, einzeln auf je ein ca. 30 x 30 cm großes Stück Alufolie legen und damit einschlagen. Die Alufolie oben zusammendrücken.

Im Backofen bei 180 °C 45–60 Minuten backen.

(Nach der angegebenen Garzeit mit einem Küchenmesser in die Roten Beten stechen. Wenn sie sich dabei weich anfühlen, sind sie gar. Falls nicht, gibt man sie noch einmal für einige Minuten in den Backofen.)

Rote Beten ohne Alufolie auf einem Teller halbiert servieren und Remoulade darauf verteilen. (Rote Beten können mit einem Löffel aus der Schale herausgehoben und gegessen werden. Die Schale kann man nicht mitessen.)

Zubereitungs- und Backzeit: ca. 50 Minuten

Tipp:

Dazu passt eines unserer Brote.

Geheimtipp:

Rote Bete erhält durch das Backen einen feinen, nussigen Geschmack.

Tomaten-Auberginen-Auflauf

Zutaten

VORRAT:

ungehärtetes Kokosfett
(1–2 TL pro Bratvorgang)
1 TL Kräutersalz
1 EL Kräuter der Provence
200 g Crème fraîche

EINKAUF:

750 g Auberginen
1 kg Strauchtomaten
125 g Gorgonzola

Zubereitung

Auberginen und Tomaten putzen und in ca. 1,5 cm dicke Scheiben schneiden. Auberginenscheiben nach dem Putz-ABC von Seite 4 ff. vorbereiten.

Auberginenscheiben in einer beschichteten Pfanne in ungehärtetem Kokosfett von jeder Seite 1–2 Minuten anbraten.

Auberginenscheiben nebeneinander in eine Auflaufform legen und mit Kräutersalz sowie Kräutern der Provence bestreuen.

Tomatenscheiben auf die Auberginen legen und ebenfalls mit Kräutersalz sowie Kräutern der Provence bestreuen.

Gorgonzola und Crème fraîche in einer Pfanne bei mittlerer Temperatur unter Rühren erhitzen, bis der Käse geschmolzen ist. Die Soße gleichmäßig auf den Auberginen-Tomaten-Scheiben verteilen.

Den Auflauf im vorgeheizten Backofen bei 180 °C 35–40 Minuten überbacken.

Zubereitungs-, Brat- und Backzeit: ca. 80 Minuten

Rezepte
ohne Fleisch
mit Reis

Ratatouillepfanne mit Basmati-/Wildreis

Zutaten

VORRAT:

250 g Basmati-/Wildreis
300 g Zwiebeln
1–2 EL Öl
3 EL Tomatenmark
1 TL Meersalz
1 TL Kräutersalz
¼ TL Pfeffer

EINKAUF:

700 g Zucchini
700 g Auberginen
2 rote Paprikaschoten
600 g Strauchtomaten

Zubereitung

Basmati-/Wildreis nach Packungsanleitung kochen.

Zwiebeln schälen und würfeln.

Zucchini, Auberginen sowie Paprika putzen und in mundgerechte Stücke schneiden.

Öl in einer großen Pfanne erhitzen und das Gemüse darin 10–12 Minuten dünsten.

Tomaten putzen, vierteln, zum Gemüse geben und alles weitere 5 Minuten dünsten.

Tomatenmark, Meersalz, Kräutersalz und Pfeffer hinzufügen und bei mittlerer Temperatur 5 Minuten köcheln lassen.

Den Reis zum Gemüse geben und alles verrühren.

Zubereitungs-, Koch- und Bratzeit: 50 Minuten

Putz-ABC:

Die Vorbereitung der Zutaten wird auf *Seite 4 ff. beschrieben.*

Tipp:

Dazu passt gebratener Tofu.

Tomatenreis

Zutaten

VORRAT:

250 g Vollkornreis
(Rundkorn)
100 g Zwiebeln
2 EL Olivenöl
2 EL Tomatenmark
½ Becher Schlagsahne und die gleiche Menge Wasser
1 TL Paprikapulver
1 TL Meersalz
¼ TL Pfeffer

EINKAUF:

400 g Strauchtomaten

Zubereitung

Reis nach Packungsanleitung kochen.

In der Zwischenzeit:

Zwiebeln schälen und klein würfeln. Tomaten putzen, sehr klein würfeln und mit den Zwiebeln in Olivenöl dünsten. Tomatenmark dazugeben und 12–15 Minuten köcheln lassen.

Die Zwiebel-Tomaten-Masse langsam unter ständigem Rühren mit der Sahne und dem Wasser auffüllen, bis die Soße sämig ist.

Anschließend mit Paprikapulver, Meersalz und Pfeffer würzen.

Die Soße zu dem Reis geben und alles gut mischen.

Zubereitungs- und Kochzeit: ca. 40 Minuten

Putz-ABC:

Die Vorbereitung der Zutaten wird auf Seite 4 ff. beschrieben.

Zucchinirisotto

Zutaten

VORRAT:

600 ml Gemüsebrühe
150 g Zwiebeln
2–3 EL Öl
1 TL Meersalz
¼ TL Pfeffer
1 EL Butter

EINKAUF:

300 g Vollkornreis
(Rundkorn)
1 kg Zucchini
50 g Parmesan

Hinweis: Dieses Gericht erfordert etwas Planung!

Zubereitung

Der Vollkornreis sollte über Nacht in 1 Liter Wasser eingeweicht und am nächsten Morgen abgeschüttet werden!

Gemüsebrühe nach Packungsanleitung herstellen.

Zwiebeln schälen, klein würfeln und in Öl in einem beschichteten Kochtopf glasig dünsten. Abgeschütteten Reis hinzufügen und 10 Minuten weiterdünsten. Mit 100 ml Gemüsebrühe ablöschen.

Nach und nach eine kleine Menge der verbliebenen Gemüsebrühe zum Reis geben. (Immer dann, wenn der Reis die Flüssigkeit völlig aufgesogen hat, diesen Vorgang ca. 40 Minuten lang wiederholen.) Gelegentlich umrühren.

Zucchini putzen und auf der Gemüsereibe grob reiben. Parmesan ebenfalls reiben. Gewürze, Butter, Parmesan und Zucchini unter den Reis rühren und 5 Minuten köcheln lassen.

Zubereitungs- und Kochzeit: ca. 80 Minuten

Putz-ABC:

Die Vorbereitung der Zutaten wird auf Seite 4 ff. beschrieben.

Rezepte mit Fleisch
Salate

Zigeunersalat

Zutaten

VORRAT:

Für die Soße:
1 EL Öl
100 g Zwiebeln
2 EL Tomatenmark
100 ml Wasser
1 TL Meersalz
1 TL Paprikapulver
¼ TL Chilipulver

EINKAUF:

1 rote Paprikaschote
1 Glas Gewürzgurken
(davon 100 g und
150 g Gurkenbrühe)
500 g mageres
Rindfleisch

Zubereitung

Rindfleisch in 1,5 l Wasser, 1 TL Meersalz und ¼ TL Pfeffer 1,5–2 Stunden kochen lassen.

In der Zwischenzeit:

Zwiebeln schälen. Paprika putzen. Zwiebeln, Paprika und 100 g Gewürzgurken in dünne Streifen schneiden.

In einem beschichteten Kochtopf Öl erhitzen und die Zwiebel-, Paprika- und Gurkenstreifen 10 Minuten darin dünsten. Tomatenmark, Wasser und Gewürze dazugeben. Alles gut verrühren und weitere 5 Minuten köcheln lassen.

Den Kochtopf vom Herd ziehen und die Paprika-Zwiebel-Masse abkühlen lassen.

Das gekochte Rindfleisch aus der Brühe herausnehmen, abkühlen lassen, klein schneiden und mit der Paprika-Zwiebel-Masse verrühren.

Falls die Masse zu trocken ist, noch etwas Gurkenwasser hinzufügen.

Putz-ABC:

Die Vorbereitung der Zutaten wird auf Seite 4 ff. beschrieben.

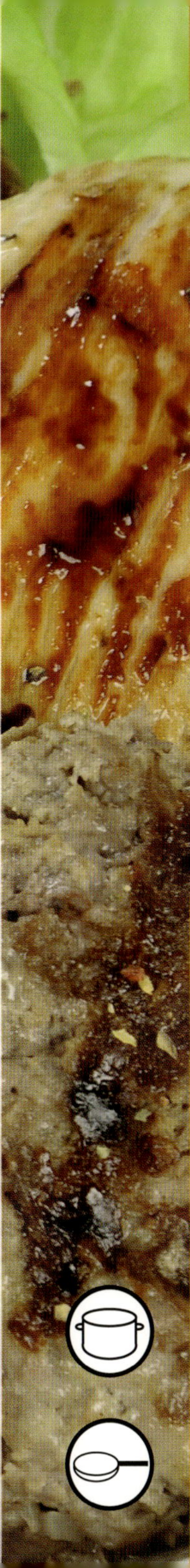

Eiersalat mit Lachs

Zutaten

VORRAT:

6 Eier
2–3 EL Mayonnaise
(Rezept, siehe S. 163)
1 TL Currypulver

EINKAUF:

1 Orange
1 Ananas
(davon 150 g)
150–200 g Räucherlachs

Zubereitung

Eier hart kochen und abkühlen lassen.

In der Zwischenzeit:

Mayonnaise nach Rezept herstellen.

Orange schälen und in kleine Stücke schneiden.

Ananas putzen und 150 g der geputzten Ananas in kleine Stücke schneiden.

Räucherlachs in feine Streifen schneiden.

Eier schälen und in dünne Scheiben schneiden.

Alle klein geschnittenen Zutaten mit Mayonnaise und Curry in einer Salatschüssel mischen.

Zubereitungs- und Kochzeit: ca. 20 Minuten

Putz-ABC:

Die Vorbereitung der Zutaten wird auf Seite 4 ff. beschrieben.

Tipp:

Dazu passt eines unserer Brote.

Fleischsalat

Zutaten

VORRAT:

200–250 g Mayonnaise
(Rezept, siehe S. 163)

EINKAUF:

250 g Fleischwurst
1 Glas Gewürzgurken
(daraus 250 g Gurken)

Zubereitung

Mayonnaise nach Rezept herstellen.

Fleischwurst und Gewürzgurken in Würfel oder Streifen schneiden und mit der Mayonnaise in einer Salatschüssel gut mischen.

Zubereitungszeit: ca. 10 Minuten

Tipp:

Dazu passt gut eines unserer Brote .

Geheimtipp:

Anstelle der Fleischwurst können Sie mageres, gekochtes und klein geschnittenes Rindfleisch verwenden.

Geflügelsalat, fruchtig

Zutaten

VORRAT:

750 ml Gemüsebrühe
200 g Crème fraîche
1 TL Curry
1 TL Meersalz
Pfeffer (nach Geschmack)

EINKAUF:

500 g Putenfleisch
1 Sellerieknolle
(davon 250 g)
250 g frischer Spargel
1 Ananas
(davon 250 g)

Zubereitung

Gemüsebrühe nach Packungsanleitung herstellen.

Putenfleisch in kleine Würfel schneiden und in der Gemüsebrühe 20–25 Minuten kochen lassen.

In der Zwischenzeit Sellerie schälen und 250 g des geschälten Selleries auf der Gemüsereibe grob reiben.

Spargel schälen und klein schneiden.

Sellerie und Spargel zum Putenfleisch geben und alles weiterhin 10 Minuten köcheln lassen.

Putenfleisch und Gemüse in ein Sieb geben. Brühe auffangen. Fleisch und Gemüse abkühlen lassen.

Ananas putzen, in kleine Stücke schneiden und in eine Salatschüssel geben.

Putenfleisch, Gemüse, Crème fraîche und Gewürze zur Ananas geben und alles gut mischen.

Zubereitungs-, Koch- und Abkühlzeit: ca. 75 Minuten

Putz-ABC:

Die Vorbereitung der Zutaten wird auf Seite 4 ff. beschrieben.

Tipp:

Falls Ihnen der Salat zu trocken erscheint, geben Sie noch etwas von der aufgefangenen Gemüsebrühe hinzu.

Geflügelsalat, scharf

Zutaten

VORRAT:

750 ml Gemüsebrühe
100 g Zwiebeln
1 EL Balsamico-Essig
grober Pfeffer
(nach Geschmack)

EINKAUF:

500 g Hähnchenbrustfilet
2 rote Paprikaschoten
250 g Cocktailtomaten
150 g rotes Pesto
(Rezept, siehe S. 131)

Zubereitung

Gemüsebrühe nach Packungsanleitung herstellen.

Hähnchenbrust in kleine Würfel schneiden und in der Gemüsebrühe 20–25 Minuten kochen lassen. Hähnchenbrustwürfel mit einem Schaumlöffel aus der Brühe herausnehmen und abkühlen lassen.

In der Zwischenzeit:

Paprika putzen und in kleine Würfel schneiden. Zwiebeln schälen und ebenfalls in kleine Würfel schneiden. Cocktailtomaten waschen und halbieren.

Pesto nach Rezept herstellen.

Pesto und Essig in einer Salatschüssel verrühren. Hähnchenbrust und das klein geschnittene Gemüse dazugeben und alles gut mischen.

Groben Pfeffer nach Geschmack darübermahlen.

Zubereitungs-, Koch- und Abkühlzeit: ca. 60 Minuten

Putz-ABC:

Die Vorbereitung der Zutaten wird auf Seite 4 ff. beschrieben.

Tipp:

Falls Ihnen der Salat zu trocken erscheint, geben Sie noch etwas von der aufgefangenen Gemüsebrühe hinzu.

Rezepte mit Fleisch
Eintöpfe

Jägerkohltopf

Zutaten

VORRAT:

¼ l Gemüsebrühe
500 g Kartoffeln
100 g Zwiebeln
2 TL Kokosfett (ungehärtet)
½ TL Meersalz und
¼ TL Pfeffer (zum Anbraten)

EINKAUF:

1 Weißkohl (davon 500 g)
500 g Rinderhackfleisch

Zubereitung

Gemüsebrühe nach Packungsanleitung herstellen.

Weißkohl putzen.

500 g geputzten Weißkohl in dünne Streifen schneiden.

Kartoffeln schälen, waschen und in mundgerechte Stücke schneiden.

Zwiebel schälen und in Würfel schneiden.

Ungehärtetes Kokosfett in einem großen Kochtopf erhitzen. Hackfleisch, Zwiebeln und Gewürze dazugeben und 5–10 Minuten anbraten.

Kartoffeln und Weißkohl dazugeben, mit Gemüsebrühe auffüllen und 30–40 Minuten köcheln lassen.

Zubereitungs- und Kochzeit: ca. 60 Minuten

Putz-ABC:

Die Vorbereitung der Zutaten wird auf Seite 4 ff. beschrieben.

Möhren-Kartoffeln-Hackfleisch-Topf

Zutaten

VORRAT:

1 ½ l Gemüsebrühe
100 g Zwiebeln
500 g Kartoffeln
2 TL Kokosfett
(ungehärtet)
1 TL Meersaalz und
¼ TL Pfeffer
(zum Anbraten)

EINKAUF:

300 g Möhren
2 Stangen Porree
500 g Rinderhackfleisch
1 Bund Petersilie

Zubereitung

Gemüsebrühe nach Packungsanleitung herstellen.

Zwiebeln schälen und würfeln. Möhren und Porree putzen und in Scheiben schneiden. Kartoffeln schälen, waschen und in kleine Stücke schneiden.

In einem Bräter ungehärtetes Kokosfett erhitzen. Hackfleisch, Zwiebeln und Gewürze dazugeben und 5–10 Minuten anbraten. Kartoffeln sowie Gemüse dazugeben und mit der Gemüsebrühe auffüllen.

Das Gericht im geschlossenen Bräter im vorgeheizten Backofen bei 180 °C 40–50 Minuten garen lassen.

Petersilie hacken und vor dem Servieren über das fertige Gericht streuen.

Zubereitungs-, Brat- und Backzeit: ca. 60 Minuten

Putz-ABC:

Die Vorbereitung der Zutaten wird auf Seite 4 ff. beschrieben.

Tipp:

Das Gericht ist nach ca. 20 Minuten Vorbereitung im Backofen.

Rosenkohleintopf

Zutaten

VORRAT:

1 l Gemüsebrühe
200 g Zwiebeln
2 TL Kokosfett
(ungehärtet)
1 TL Meersalz und
¼ TL Pfeffer
(zum Anbraten)
500 g Kartoffeln
¼ TL Muskatnuss

EINKAUF:

400 g Rinderhackfleisch
500 g Möhren
750 g Rosenkohl

Zubereitung

Gemüsebrühe nach Packungsanleitung herstellen.

Zwiebeln schälen und würfeln. Ungehärtetes Kokosfett in einem großen Kochtopf erhitzen. Hackfleisch, Zwiebeln und Gewürze dazugeben und 5–10 Minuten anbraten.

Mit Gemüsebrühe auffüllen.

In der Zwischenzeit:

Kartoffeln und Möhren putzen und klein schneiden. Vom Rosenkohl die äußeren Blätter entfernen und den Rosenkohl am Stielansatz kreuzweise einschneiden.

Das Gemüse zum Hackfleisch geben und 25–30 Minuten köcheln lassen. Geriebene Muskatnuss hinzufügen und gut verrühren.

Zubereitungs-, Brat- und Kochzeit: ca. 60 Minuten

Putz-ABC:

Die Vorbereitung der Zutaten wird auf Seite 4 ff. beschrieben.

Tipp:

Ein schnelles Wintergericht

Rezepte mit Fleisch Hähnchen oder Pute

Gefüllte Pfannkuchen mit Hähnchen und Rucola

Zutaten

VORRAT:

Grundrezept Eierpfannkuchen (siehe S. 117) und 1 TL Curry
Meersalz und Pfeffer (für die Hähnchenbrust)
2 TL Kokosfett (ungehärtet)
200 g Crème fraîche
1 EL Balsamico-Essig
1 TL Kräutersalz
¼ TL Pfeffer

EINKAUF:

1 Paprikaschote
1 Salatgurke (davon die Hälfte)
1 Bund Rucola
250 g Hähnchenbrust

Zubereitung

Paprika putzen und klein schneiden. Gurke waschen und klein schneiden. Rucola waschen und trocken tupfen.

Hähnchenbrustfilets in feine Streifen schneiden, salzen, pfeffern und in einer Pfanne mit ungehärtetem Kokosfett 10 Minuten braten.

Aus dem Grundrezept „Eierpfannkuchen" und 1 TL Curry einen Teig herstellen und die Pfannkuchen mit mittlerer Temperatur nach und nach in der Pfanne backen.

Crème fraîche mit den Gewürzen verrühren.
Crème fraîche, Hähnchenfleisch, Paprika, Gurke und Rucola in der Mitte jedes Pfannkuchens verteilen.

Pfannkuchen zusammenrollen und sofort servieren.

Zubereitungs-, Brat- und Backzeit: ca. 60 Minuten

Putz-ABC:

Die Vorbereitung der Zutaten wird auf Seite 4 ff. beschrieben.

Tipp:

Die gefüllten Pfannkuchen kann man sehr gut auch einmal kalt essen.

Hähnchen mit würziger Gemüsesoße

Zutaten

VORRAT:

Meersalz und Pfeffer
(zum Würzen der Filets)
2 TL Kokosfett
(ungehärtet)
100 g Zwiebel
1 EL Öl
200 g Schlagsahne
1 EL Vollkornmehl
1 TL Paprikapulver
1 TL Meersalz
¼ TL Pfeffer

EINKAUF:

4 Hähnchenbrustfilets
(je ca. 200 g)
250 g Strauchtomaten
250 g Naturjoghurt
1 Bund Suppengrün
(ca. 500 g)

Zubereitung

Hähnchenbrustfilets waschen und abtupfen, mit Meersalz sowie Pfeffer würzen und in einer Pfanne mit ungehärtetem Kokosfett 5 Minuten von beiden Seiten anbraten. Aus der Pfanne nehmen und zur Seite stellen.

Die Zwiebel schälen und klein schneiden, Tomaten putzen und klein schneiden. Suppengrün putzen und klein schneiden. Alle zerkleinerten Zutaten in einer Pfanne in Öl 5–8 Minuten dünsten.

Hähnchenbrustfilets zum Gemüse in die Pfanne geben.

Sahne, Joghurt, Vollkornmehl und Gewürze mit dem Stabmixer verquirlen, zu den Hähnchenbrustfilets geben und 15–20 Minuten köcheln lassen.

Zubereitungs- und Bratzeit: ca. 45 Minuten

Putz-ABC:

Die Vorbereitung der Zutaten wird auf Seite 4 ff. beschrieben.

Putenschnitzel in Orangen-Ingwer-Soße

Zutaten

VORRAT:

½ l Gemüsebrühe
Meersalz und Pfeffer
(zum Würzen der Schnitzel)
2 TL Kokosfett
(ungehärtet)
200 g Crème fraîche
1 TL Curry
1 EL Vollkornmehl

EINKAUF:

800 g Putenschnitzel
4 Orangen
frischer Ingwer
(davon 2 EL gerieben)

Zubereitung

Gemüsebrühe nach Packungsanleitung herstellen.

Putenschnitzel salzen und pfeffern.

Ungehärtetes Kokosfett in einer großen Pfanne erhitzen und die Putenschnitzel darin von jeder Seite 5–8 Minuten anbraten. Schnitzel herausnehmen und zur Seite stellen.

Orangen schälen, klein schneiden und in ein hohes Gefäß geben.

Ingwer schälen, klein schneiden und mit Crème fraîche, Curry und Vollkornmehl zu den Orangenstücken geben. Alles mit dem Stabmixer pürieren.

Die Orangen-Ingwer-Soße mit der Gemüsebrühe in die Pfanne geben und aufkochen lassen.

Schnitzel in die Soße legen und alles noch einmal 10 Minuten köcheln lassen.

Zubereitungs- und Bratzeit: ca. 40 Minuten

Reis-Spinat-Hähnchen

Zutaten

VORRAT:

250 g Vollkornreis
100 g Zwiebeln
2 EL Öl
2 TL Kokosfett (ungehärtet)
1 TL Meersalz
½ TL Pfeffer
¼ TL Muskatnuss
Meersalz und Pfeffer (zum Würzen der Filets)
200 g Schlagsahne

EINKAUF:

750 g Blattspinat (frisch)
4 Hähnchenbrustfilets (je ca. 200 g)

Zubereitung

Reis nach Packungsanleitung kochen.

In der Zwischenzeit Zwiebeln schälen und klein schneiden. Den Spinat waschen und in Streifen schneiden. Den Spinat und die zerkleinerten Zwiebeln in Öl in einem Kochtopf 8–10 Minuten dünsten. Etwas Wasser hinzufügen, damit der Spinat nicht anbrennt. Mit Meersalz, Pfeffer und geriebener Muskatnuss würzen.

Gehärtetes Kokusfett in einer Pfanne erhitzen. Hähnchen salzen sowie pfeffern und von beiden Seiten bei mittlerer Temperatur je 10 Minuten braten. Aus der Pfanne herausnehmen und in mundgerechte Stücke schneiden. Die Hähnchenstücke mit dem Reis und der Sahne zum Spinat geben. Alles noch einmal unter Rühren erhitzen.

Zubereitungs-, Brat- und Kochzeit: ca. 60 Minuten

Tipp:

Falls Ihnen das Gericht zu trocken erscheint, geben Sie noch etwas Sahne oder Gemüsebrühe hinzu.

Überbackene Putenroulade mit Käse und Spinat

Zutaten

VORRAT:

¼ l Gemüsebrühe
2 EL Senf (mittelscharf)
1 EL Kräuter der Provence
Meersalz und Pfeffer (zum Würzen der Rouladen)

EINKAUF:

Blattspinat (tiefgefroren, einzeln entnehmbar, davon 8 Stück)
8 dünne Putenschnitzel zum Rollen (je ca. 100 g)
4 Scheiben Edamer Käse (je ca. 200 g)

Zubereitung

Gemüsebrühe nach Packungsanleitung herstellen.

8 Portionen Blattspinat (ca. 160 g) auf einen Teller geben und auftauen lassen.

Senf mit den Kräutern verrühren und die Putenschnitzel damit bestreichen. Edamerscheiben halbieren und auf die Senfmasse legen. Spinat gleichmäßig auf den Käsescheiben verteilen.

Putenschnitzel zu einer Roulade aufrollen, mit einem Zahnstocher fixieren und in eine Auflaufform legen. Mit etwas Meersalz und Pfeffer bestreuen.

Gemüsebrühe zu den Putenrouladen gießen und alles bei 180 °C 40–45 Minuten im vorgeheizten Backofen überbacken.

Zubereitungs- und Backzeit: ca. 60 Minuten

Tipp:

Falls Sie keine dünnen Putenschnitzel bekommen, klopfen Sie die vorhandenen etwas flach, damit sie sich gut rollen lassen.

Curryhähnchen mit Aprikosen

Zutaten

VORRAT:

¼ l Gemüsebrühe
1 EL Vollkornmehl
Meersalz und Pfeffer
(zum Würzen der Filets)
1-2 TL Kokosfett
(ungehärtet)
200 g Schlagsahne
1 EL Curry
3–4 EL Tomatenmark

EINKAUF:

14 Aprikosen
4 Hähnchenbrustfilets
(je ca. 200 g)

Zubereitung

Gemüsebrühe nach Packungsanleitung herstellen und Vollkornmehl einrühren.

6 Aprikosen waschen, entkernen und mit dem Stabmixer pürieren.

Hähnchenbrustfilets salzen, pfeffern und in einer Pfanne mit ungehärtetem Kokosfett von beiden Seiten anbraten. Aus der Pfanne herausnehmen und nebeneinander in eine Auflaufform legen.

8 Aprikosen waschen, entkernen und halbiert auf die angebratenen Hähnchenbrustfilets legen.

Gemüsebrühe, Sahne, Curry, Tomatenmark und die pürierten Aprikosen in die Pfanne geben und alles kurz aufkochen lassen.

Die Sahne-Aprikosen-Soße auf dem Fleisch verteilen.

Mit Alufolie abdecken und im vorgeheizten Backofen bei 180 °C 35–40 Minuten garen.

Zubereitungs- und Backzeit: ca. 60 Minuten

Marinierte Hähnchenkeulen

Zutaten

VORRAT:

4 EL Olivenöl
2 EL Tamari (Sojasoße)
4 EL Zitronensaft
1 TL Meersalz

EINKAUF:

frischer Rosmarin
(davon 2–3 Ästchen)
frischer Thymian
(davon 2–3 Ästchen)
4 Hähnchenkeulen

Zubereitung

Kräuter fein hacken.

Olivenöl, Tamari, Zitronensaft, Meersalz und die Kräuter zu einer Marinade verrühren.

Hähnchenkeulen unter kaltem Wasser waschen und trocken tupfen. Die Hähnchenkeulen von beiden Seiten mit der Marinade bestreichen und in eine geölte Auflaufform legen.

Die restliche Marinade auf den Hähnchen verteilen.

Im vorgeheizten Backofen bei 180 °C 40–45 Minuten garen lassen.

Zubereitungs- und Backzeit: ca. 60 Minuten

Tipp:

Dazu schmecken unsere Rosmarinkartoffeln und/oder frische Salate.

Rezepte
mit Fleisch
Rind oder Schwein

Hackfleisch-Käse-Auflauf mit Oliven

Zutaten

VORRAT:

100 g Zwiebeln
100 g schwarze Oliven (entsteint)
1 Ei
1 EL Kräuter der Provence
1 TL Meersalz
¼ TL Pfeffer

EINKAUF:

200 g Feta-Käse (griechischer Käse aus Schafsmilch)
800 g Rinderhackfleisch

Zubereitung

Zwiebeln schälen und in kleine Würfel schneiden.

Feta-Käse ebenfalls in kleine Würfel schneiden.

Oliven ggf. abschütten.

Rinderhackfleisch mit allen angegebenen Zutaten mischen und in eine geölte Kastenform geben.

Im vorgeheizten Backofen bei 180 °C 50–60 Minuten backen.

Zubereitungs- und Backzeit: ca. 75 Minuten

Tipp:

Dazu passt sehr gut ein knackiger Salat!

Gyrospfanne

Zutaten

VORRAT:

2 TL Kokosfett (ungehärtet)
1 EL Kräuter der Provence
1 TL Meersalz
¼ TL Pfeffer

EINKAUF:

4 Schnitzel oder 800 g Schweinefleisch
2 Bund Frühlingszwiebeln

Zubereitung

Schweineschnitzel in dünne Streifen schneiden und mit den Gewürzen mischen.

Ungehärtetes Kokosfett in einer Pfanne erhitzen und das gewürzte Fleisch darin ca. 15 Minuten anbraten.

Frühlingszwiebeln putzen und in Ringe schneiden, zum Fleisch geben und weitere 10 Minuten braten.

Zubereitungs- und Bratzeit: ca. 45 Minuten

Putz-ABC:

Die Vorbereitung der Zutaten wird auf Seite 4 ff. beschrieben.

Rahmgeschnetzeltes

Zutaten

VORRAT:

500 g Bandnudeln
(Vollkorn)
100 g Zwiebeln
Meersalz und Pfeffer
(zum Würzen der Schnitzel)
2 TL Kokosfett
(ungehärtet)
¼ l Gemüsebrühe
2 EL Vollkornmehl
1 TL Kräutersalz
200 g Schlagsahne

EINKAUF:

4 Schnitzel
(je ca. 200 g)
1 Bund Petersilie

Zubereitung

Nudeln nach Packungsanleitung kochen, abgießen und in einem Kochtopf zur Seite stellen.

In der Zwischenzeit Zwiebeln schälen und in Scheiben schneiden.

Schnitzel in feine Streifen schneiden, salzen und pfeffern. Ungehärtetes Kokosfett in einer Pfanne erhitzen. Schnitzelstreifen und Zwiebelringe darin 10–15 Minuten anbraten.

Gemüsebrühe nach Packungsanleitung in einem hohen Gefäß herstellen. Vollkornmehl, Kräutersalz sowie Sahne dazugeben und mit dem Stabmixer pürieren. Die Soße zum Fleisch geben und 12–15 Minuten köcheln lassen. Alles zu den Nudeln geben und gut mischen. Petersilie hacken und über die Nudeln streuen.

Zubereitungs-, Koch- und Bratzeit: ca. 65 Minuten

Putz-ABC:

Die Vorbereitung der Zutaten wird auf Seite 4 ff. beschrieben.

Mediterrane Schnitzel

Zutaten

VORRAT:

250 ml Gemüsebrühe
200 g Schlagsahne
1 TL Meersalz
¼ TL Pfeffer
1 EL Kräuter der Provence
4 EL Tomatenmark
Meersalz und Pfeffer (zum Würzen der Schnitzel)
2 TL Kokosfett (ungehärtet)

EINKAUF:

500 g Strauchtomaten
125 g Mozzarella
4 Schnitzel (je ca. 200 g)
evtl. Basilikum

Zubereitung

Gemüsebrühe nach Packungsanleitung herstellen und mit Sahne, Gewürzen, Kräutern und Tomatenmark verrühren. Tomaten putzen. Mozzarella und Tomaten in Scheiben schneiden.

Schnitzel salzen und pfeffern. Ungehärtetes Kokosfett in einer Pfanne erhitzen und die Schnitzel darin 2–3 Minuten von jeder Seite anbraten. Die Schnitzel nebeneinander in eine Auflaufform legen. Die Tomatenscheiben darauf verteilen. Die Sahnesoße über die Schnitzel gießen. Die Mozzarellascheiben auf den Tomatenscheiben verteilen.

Im vorgeheizten Backofen bei 180 °C 35–40 Minuten überbacken. Klein geschnittenes Basilikum vor dem Servieren über das Gericht streuen.

Zubereitungs-, Brat- und Backzeit: ca. 60 Minuten

Putz-ABC:

Die Vorbereitung der Zutaten wird auf Seite 4 ff. beschrieben.

Champignon-Zwiebel-Schnitzel

Zutaten

VORRAT:

¼ l Gemüsebrühe
Meersalz und Pfeffer
(zum Würzen der Schnitzel)
2 TL Kokosfett
(ungehärtet)
400 g Zwiebeln
400 g Schlagsahne
2 EL Vollkornmehl
1 TL Meersalz
¼ TL Pfeffer

EINKAUF:

4 Schnitzel
(je ca. 200 g)
750 g Champignons

Zubereitung

Gemüsebrühe nach Packungsanleitung herstellen.

Schnitzel salzen und pfeffern. Ungehärtetes Kokosfett in einer Pfanne erhitzen und die Schnitzel darin 2–3 Minuten von jeder Seite anbraten. Schnitzel in eine Auflaufform legen.

Zwiebeln schälen und in Scheiben schneiden.

Champignons putzen und in Scheiben schneiden.

Die zerkleinerten Zutaten in der Schnitzelpfanne anbraten. Sahne, Gemüsebrühe, Vollkornmehl, Meersalz und Pfeffer verrühren, zu der Zwiebel-Champignon-Masse geben und alles 5–10 Minuten köcheln lassen. Champignonmasse auf den Schnitzeln verteilen und im vorgeheizten Backofen bei 180 °C 35–40 Minuten überbacken.

Zubereitungs-, Brat- und Backzeit: ca. 60 Minuten

Putz-ABC:

Die Vorbereitung der Zutaten wird auf Seite 4 ff. beschrieben.

Steak mit Pfeffersoße

Zutaten

VORRAT:

2 TL Kokosfett (ungehärtet)
Meersalz und grober Pfeffer (zum Würzen)
200 ml Wasser
1 EL Vollkornmehl
200 g Crème fraîche
1 TL Meersalz
¼ TL Pfeffer

EINKAUF:

4 Rumpsteaks (je ca. 200 g)
Pfefferkörner (eingelegt im Glas, davon 2 EL)

Zubereitung

In einer Pfanne ungehärtetes Kokosfett erhitzen. (Dazu eignet sich am besten eine Edelstahl- oder gusseiserne Pfanne.) Steaks erst in die Pfanne geben, wenn das Kokosfett richtig heiß geworden ist. Die Steaks von jeder Seite 2–4 Minuten anbraten. Die Steaks in eine Auflaufform legen und von beiden Seiten mit Meersalz und grobem Pfeffer nach Geschmack würzen, mit Alufolie abdecken und im vorgeheizten Backofen bei 150 °C 10 Minuten ruhen lassen.

In der Zwischenzeit Wasser, Vollkornmehl, Crème fraîche und Gewürze (außer den Pfefferkörnern) in ein hohes Gefäß geben und mit dem Stabmixer verquirlen. Soße in die Pfanne gießen, Pfefferkörner dazugeben und 3–5 Minuten köcheln lassen.

Steaks aus der Auflaufform nehmen, auf Tellern anrichten und mit der Pfeffersoße servieren.

Zubereitungs- und Bratzeit: ca. 35 Minuten

Tipp:

Bitte beachten Sie unsere Empfehlungen zum Umgang mit Fetten, siehe Seite 2 f.

Lendchen nach Florentiner Art

Zutaten

VORRAT:

Meersalz und Pfeffer
(zum Würzen der Lendchen)
2 EL süßer Senf
¼ l Gemüsebrühe
1 Zitrone (ungespritzt)

EINKAUF:

2 Lendchen (ca. 800 g)
frischer Rosmarin
(davon 1–2 Ästchen)
frischer Thymian
(davon 2–3 Ästchen)
frischer Salbei
(davon 5–6 Blätter)

Zubereitung

Lendchen salzen und pfeffern. Mit Senf bestreichen und in eine Auflaufform legen.

Gemüsebrühe nach Packungsanleitung herstellen und zu den Lendchen geben (nicht über das Fleisch gießen!). Die abgezupften Kräuter darüber verteilen.

Zitrone waschen und in Scheiben schneiden. Die Zitronenscheiben auf die Lendchen legen und alles im vorgeheizten Backofen bei 180 °C 45–60 Minuten überbacken.

Zubereitungs- und Backzeit: ca. 60 Minuten

Tipp:

Servieren Sie dazu Folienkartoffeln mit gebratenen Champignons!

Frikadellen

Zutaten

VORRAT:

100 g Zwiebeln
1 Ei
2 EL Vollkorn-Paniermehl
1 TL Meersalz
¼ TL Pfeffer
1 TL Senf
2–3 TL Kokosfett (ungehärtet)

EINKAUF:

500 g Rinderhackfleisch

Zubereitung

Zwiebeln schälen und klein schneiden.

Rinderhackfleisch in eine Schüssel geben. Ei aufschlagen, dazugeben und alles mit Paniermehl, Zwiebeln und Gewürzen zu einem Teig verkneten.

Mit den Händen gleichmäßige Bällchen formen und diese etwas flach drücken.

In einer Pfanne ungehärtetes Kokosfett erhitzen, die Frikadellen darin gleichmäßig ca. 15 Minuten bei mittlerer Temperatur unter vorsichtigem Wenden braten.

Zubereitungs- und Bratzeit: ca. 30 Minuten

Tipp:

Dazu passen Salzkartoffeln und Gurkensalat.

Fleischbällchen in Tomatensoße

Zutaten

VORRAT:

Für die Fleischbällchen:
100 g Zwiebeln
1 Ei
1 TL Meersalz
¼ TL Pfeffer
2 EL Vollkorn-Paniermehl
Für die Tomatensoße:
100 g Zwiebeln
1 EL Öl
200 g Schlagsahne
1 TL Meersalz
¼ TL Pfeffer

EINKAUF:

500 g Rinderhackfleisch
800 g Strauchtomaten

Zubereitung

Zubereitung der Hackfleischmasse für die Fleischbällchen siehe Seite 106.

Aus der Hackfleischmasse kleine Bällchen formen. Diese in eine Auflaufform legen und im vorgeheizten Backofen bei 180 °C 10 Minuten backen.

Für die Tomatensoße: 100 g Zwiebeln schälen, klein schneiden und mit den geputzten, zerkleinerten Tomaten in Öl in einem Kochtopf 10 Minuten dünsten. Sahne und Gewürze dazugeben und vorsichtig mit dem Stabmixer pürieren.

Die Hackbällchen nach der angegebenen Backzeit mit der Tomatensoße begießen und noch einmal für 20 Minuten im Backofen bei 180 °C garen.

Zubereitungs- und Backzeit: ca. 40 Minuten

Putz-ABC:

Die Vorbereitung der Zutaten wird auf Seite 4 ff. beschrieben.

Ofengulasch

Zutaten

Vorrat:

½ l Gemüsebrühe
1 TL Meersalz
¼ TL Pfeffer
1 TL Paprika
750 g Zwiebeln
3 EL Tomatenmark
200 g Schlagsahne

Einkauf:

1 kg Rindergulasch
750 g frische Champignons
450 g Erbsen (tiefgefroren)

Zubereitung

Gemüsebrühe nach Packungsanleitung herstellen.

Fleisch mit Meersalz, Pfeffer sowie Paprika würzen und in einem Bräter verteilen.

Zwiebeln schälen, würfeln und mit der Gemüsebrühe zum Fleisch geben.

Alles im vorgeheizten Backofen bei 180 °C 60 Minuten garen.

Champignons putzen und in Scheiben schneiden.

Den Bräter aus dem Backofen nehmen.

Tomatenmark und Sahne verquirlen. Zusammen mit den Erbsen und Champignons auf dem Gulasch verteilen und alles gut mischen.

Zugedeckt nochmals bei 180 °C 60–70 Minuten im Backofen garen lassen.

Zubereitungs- und Backzeit: ca. 2 ½ Stunden

Putz-ABC:

Die Vorbereitung der Zutaten wird auf Seite 4 ff. beschrieben.

Ofenkartoffeln mit Hackfleisch

Zutaten

VORRAT:

800 g Kartoffeln
100 g Zwiebeln
1 TL Öl
1 TL Meersalz
¼ TL Pfeffer
1 Ei
1 EL Vollkorn-Paniermehl

EINKAUF:

1 rote Paprikaschote
500 g Rinderhackfleisch
100 g Gouda

Zubereitung

Kartoffeln waschen und mit der Schale ca. 25 Minuten in Salzwasser gar kochen. Die Kartoffeln abgießen, kurz mit kaltem Wasser übergießen, schälen und in 1 cm dicke Scheiben schneiden. Die Scheiben nebeneinander in eine geölte Auflaufform legen.

Zwiebeln schälen und in kleine Würfel schneiden. Paprika putzen und in kleine Würfel schneiden. Die zerkleinerten Zutaten 3–5 Minuten in einer Pfanne in Öl dünsten.

Alles abkühlen lassen und unter das Rinderhackfleisch kneten. Gewürze, Ei und Paniermehl hinzufügen und gut mischen. Die Hackfleischmasse gleichmäßig auf den Kartoffelscheiben verteilen und etwas andrücken.

Käse reiben und gleichmäßig auf der Hackfleischmasse verteilen.

Im vorgeheizten Backofen bei 180 °C 20–25 Minuten überbacken.

Zubereitungs-, Koch- und Backzeit: ca. 75 Minuten

Putz-ABC:

Die Vorbereitung der Zutaten wird auf Seite 4 ff. beschrieben.

Rezepte mit Fisch

Scampi mit Chili

Zutaten

VORRAT:

500 g Spaghetti-Nudeln (Vollkorn)
6 EL Olivenöl
2 TL Meersalz
2 TL Kokosfett (ungehärtet)
grober Pfeffer (aus der Mühle)

EINKAUF:

2 frische Chilischoten
500 g Scampi (tiefgekühlt)
250 g Cocktailtomaten

Zubereitung

Nudeln nach Packungsanleitung kochen, abgießen und mit 6 EL Olivenöl und 1 TL Meersalz mischen.

In der Zwischenzeit:

Chilischoten putzen, in dünne Streifen schneiden und mit den Scampi 8–10 Minuten in ungehärtetem Kokosfett in einer Pfanne braten. Anschließend mit 1 TL Meersalz und grobem Pfeffer würzen.

Cocktailtomaten waschen und halbieren.

Die Nudeln mit Scampi und Tomaten portionsweise auf Tellern anrichten.

Zum Schluss noch groben Pfeffer nach Geschmack über die Nudeln reiben.

Zubereitungs-, Koch- und Bratzeit: ca. 40–45 Minuten

Putz-ABC:

Die Vorbereitung der Zutaten wird auf Seite 4 ff. beschrieben.

Geheimtipp:

Falls Sie Knoblauch mögen, braten Sie diesen mit den Chilischoten an.

Fischragout

Zutaten

VORRAT:

¼ l Gemüsebrühe
4 EL Zitronensaft
Meersalz und Pfeffer
(zum Würzen der Filets)
2 EL Butter
1 EL Vollkornmehl
3 EL Sahne
3 EL gekörnter Senf

EINKAUF:

600 g Rotbarschfilets
1 Flasche Weißwein
(davon ¼ l)
1 Bund Schnittlauch

Zubereitung

Gemüsebrühe nach Packungsanleitung herstellen.

Rotbarsch kalt waschen, trocken tupfen, in 2–3 cm große Stücke schneiden und mit Zitronensaft, Meersalz und Pfeffer würzen.

1 EL Butter in der Pfanne zerlassen. Den Rotbarsch darin bei mittlerer Temperatur von jeder Seite 2–3 Minuten braten und aus der Pfanne nehmen.

Restliche Butter in der Pfanne schmelzen. Vollkornmehl einstreuen. Nach und nach mit Gemüsebrühe und Wein ablöschen und unter Rühren köcheln lassen, bis die Soße sämig ist. Sahne und Senf in die Soße einrühren und weitere 2–3 Minuten köcheln lassen. Fischstücke unterheben und 5 Minuten bei niedriger Temperatur vorsichtig erwärmen.

Schnittlauch in dünne Röllchen schneiden und vor dem Servieren den Fisch damit bestreuen.

Zubereitungs- und Bratzeit: ca. 40 Minuten

Tipp:

Falls Sie den restlichen Weißwein nicht zum Essen trinken wollen, können Sie ihn portionsweise in kleinen Behältern einfrieren.

Schollenfilet mit Remoulade

Zutaten

VORRAT:

2–3 EL Zitronensaft
Meersalz und Pfeffer
(zum Würzen der Filets)
2 EL Butter

EINKAUF:

800 g Schollenfilets

Hinweis: Die Zutaten für die Remoulade (Rezept siehe S. 164) bitte zusätzlich einkaufen!

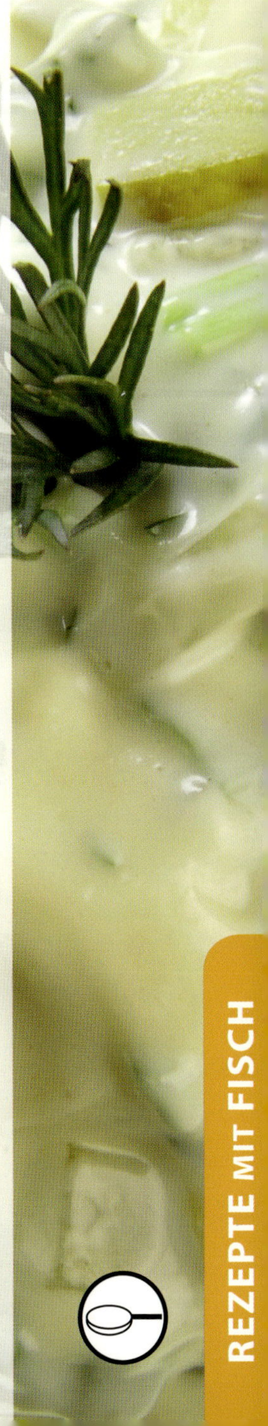

Zubereitung

Remoulade nach Rezept herstellen.

Schollenfilets waschen, trocken tupfen, mit Zitronensaft beträufeln, mit Meersalz und Pfeffer würzen.

Butter in einer Pfanne erhitzen. Filets darin von jeder Seite 3–4 Minuten goldbraun braten.

Schollenfilets portionsweise auf Tellern verteilen und Remoulade dazugeben.

Zubereitungs- und Bratzeit: ca. 20 Minuten

Tipp:

Dazu schmecken Blattsalate und frische Kartoffeln.

Bandnudeln mit Lachs und Mozzarella

Zutaten

VORRAT:

500 g Bandnudeln
(Vollkorn)
¼ l Gemüsebrühe
Meersalz und Pfeffer
(nach Geschmack)
200 g Schlagsahne
1 TL Kräutersalz

EINKAUF:

500 g Lachs
500 g Strauchtomaten
2 x 125 g Mozzarella
frisches Basilikum
(mehrere Stiele nach Geschmack)

Zubereitung

Nudeln nach Packungsanleitung kochen, abgießen und in eine Auflaufform geben.

In der Zwischenzeit Gemüsebrühe nach Packungsanleitung in einer Pfanne herstellen.

Lachs in der Gemüsebrühe garen. Anschließend in kleinen Stücken mit dem Sud auf den Nudeln verteilen.

Tomaten putzen. Tomaten und Mozzarella in Scheiben schneiden und auf dem Fisch sowie den Nudeln verteilen. Sahne sowie Gewürze mischen und über die Nudel-Fischmasse gießen.

Den Auflauf im vorgeheizten Ofen bei 180 °C 20 Minuten überbacken.

Vor dem Servieren klein geschnittene Basilikumblätter über das fertigen Gericht streuen.

Zubereitungs-, Koch- und Backzeit: ca. 55 Minuten

Putz-ABC:

Die Vorbereitung der Zutaten wird auf Seite 4 ff. beschrieben.

Pangasiusauflauf

Zutaten

VORRAT:

4 EL Zitronensaft
Meersalz und Pfeffer
(zum Würzen der Filets)
2 TL Butter
200 g Schlagsahne
1 TL Meersalz
¼ TL Pfeffer

EINKAUF:

800 g Pangasiusfilet
4 Paprikaschoten
(rot und gelb)
2 Bund
Frühlingszwiebeln
600 g Strauchtomaten

Zubereitung

Pangasiusfilets waschen, trocken tupfen, mit Zitronensaft beträufeln, mit Meersalz und Pfeffer würzen.

Butter in einer Pfanne erhitzen. Filets darin von jeder Seite 3–4 Minuten goldbraun anbraten. Fisch aus der Pfanne nehmen und in eine Auflaufform legen.

Paprika putzen, klein schneiden und in der Fischpfanne 5–8 Minuten anbraten.

Frühlingszwiebeln putzen, in Ringe schneiden, zu den Paprika geben und 2–3 Minuten mitbraten. Das gebratene Gemüse auf dem Fisch verteilen.

Tomaten putzen und vierteln. Die Tomatenstücke, Sahne, Meersalz und Pfeffer in ein hohes Gefäß geben mit dem Stabmixer pürieren. Diese Soße auf dem Fisch verteilen.

Alles zusammen bei 180 °C 25–30 Minuten überbacken.

Zubereitungs-, Brat- und Backzeit: ca. 45 Minuten

Putz-ABC:

Die Vorbereitung der Zutaten wird auf Seite 4 ff. beschrieben.

Rezepte mit Ei oder Tofu

Eierpfannkuchen

Zutaten

VORRAT:

250 g Vollkornmehl
4 Eier
¼ TL Meersalz
Kokosfett (ungehärtet) zum Ausbacken

EINKAUF:

½ l Milch

Zubereitung

Vollkornmehl, Eier, Milch und Meersalz in einer Rührschüssel zu einem homogenen Teig verrühren.

Ungehärtetes Kokosfett in einer Pfanne erhitzen.

Jeweils 1 Suppenkelle Teig in die Pfanne geben und den Eierpfannkuchen von beiden Seiten bei mittlerer Temperatur goldgelb backen.

Zubereitungs- und Backzeit: ca. 40 Minuten

Tipp:

Die Pfannkuchen im Backofen bei 50 °C warm halten, bis alle anderen Pfannkuchen fertig gebacken sind.

Geheimtipp:

Je nach Geschmack kann man unter den Pfannkuchenteig auch klein geschnittene Äpfel mischen.

Auberginen-Zucchini-Omelette

Zutaten

VORRAT:

8 Eier
je 1 TL Meersalz und Kräutersalz
¼ TL Pfeffer
4 EL Sahne
1 EL Butter

EINKAUF:

250 g Auberginen
250 g Zucchini
frischer Thymian (davon 2 Ästchen)
frischer Oregano (davon 2 Ästchen)

Zubereitung

Auberginen putzen, halbieren und in sehr dünne Streifen schneiden.

Zucchini putzen und auf einer Gemüsereibe grob reiben.

Eier mit den Gewürzen und der Sahne verquirlen.

Butter in einer großen Pfanne erhitzen. Die Zucchini und Auberginen 3–5 Minuten darin andünsten. Die Eiermasse gleichmäßig darübergeben und bei schwacher Hitze mit geschlossenem Deckel stocken lassen.

Mit Thymian und/oder Oregano garnieren.

Zubereitungs- und Bratzeit: ca. 20–30 Minuten

Putz-ABC:

Die Vorbereitung der Zutaten wird auf Seite 4 ff. beschrieben.

Geheimtipp:

Frischer Thymian und Oregano in Töpfen sind eine schöne Dekoration für die Küche.

Rührei mit schwarzen Oliven

Zutaten

VORRAT:

100 g Zwiebeln
10 schwarze Oliven
(entsteint)
1 EL Butter
8 Eier
1 TL Meersalz

EINKAUF:

frischer Thymian
(davon 2 Ästchen)

Zubereitung

Zwiebeln schälen und in kleine Würfel schneiden.

Thymian fein hacken.

Oliven in Scheiben schneiden und mit den Zwiebelstücken in einer Pfanne in Butter dünsten.

In der Zwischenzeit die Eier mit Meersalz verquirlen und auf die Zwiebel-Oliven-Masse geben.

Alles bei mittlerer Hitze unter vorsichtigem Wenden stocken lassen.

Zum Schluss den zerkleinerten Thymian über das fertige Gericht streuen.

Zubereitungs- und Bratzeit: ca. 15 Minuten

Putz-ABC:

Die Vorbereitung der Zutaten wird auf *Seite 4 ff. beschrieben.*

Tipp:

Reichen Sie dazu eines unserer Brote.

Brokkoli-Reis-Tofu-Pfanne

Zutaten

VORRAT:

¼ l Gemüsebrühe
250 g Vollkornreis
50 g Zwiebeln
1–2 EL Öl
2 TL Kräutersalz
¼ TL Pfeffer

EINKAUF:

750 g Brokkoli
250 g Tofu (natur)

Zubereitung

Gemüsebrühe nach Packungsanleitung herstellen.

Reis nach Packungsanleitung kochen.

In der Zwischenzeit:

Brokkoli waschen, putzen und die Röschen herausschneiden.

Zwiebel schälen, klein schneiden und in einer großen Pfanne in Öl andünsten.

Tofu in Würfel schneiden, mit den Brokkoliröschen zu den Zwiebeln geben, mit Kräutersalz und Pfeffer würzen und 15–20 Minuten dünsten. Gemüsebrühe hinzufügen.

Den fertigen Reis in die Pfanne füllen, alles gut mischen und 5 Minuten köcheln lassen.

Zubereitungs- und Kochzeit: ca. 45 Minuten

Tipp:

Den Reis können Sie auch wie unseren Risottoreis von Seite 79 kochen.

Gefüllte Paprika mit Tofu

Zutaten

VORRAT:

250 g Vollkornreis
100 ml Wasser
1 TL gekörnte Gemüsebrühe
100 g Zwiebeln
2 TL Kokosfett (ungehärtet)
3 EL Tamari (Sojasoße)
1 TL Kräutersalz
1 EL Tomatenmark

EINKAUF:

6 rote Paprikaschoten
250 g Tofu (natur)

Zubereitung

Reis nach Packungsanleitung kochen.

In der Zwischenzeit Paprikaschoten waschen, je einen Deckel abschneiden und putzen. Die Paprika in eine Auflaufform stellen. Wasser mit gekörnter Gemüsebrühe verrühren und zu den Paprika gießen. (Damit die gefüllten Schoten später nicht anbacken.)

Zwiebeln schälen, klein schneiden, in einer Pfanne mit ungehärtetem Kokosfett anbraten. Tofu klein schneiden, hinzufügen und beides 10 Minuten braten.

Tamari, Kräutersalz und Tomatenmark verrühren und mit dem Reis zum gebratenen Tofu geben.

Alles gut mischen.

Die Reismasse in die Paprika füllen, die Deckel wieder auf die Paprika setzen und im vorgeheizten Backofen bei 180 °C 30–40 Minuten backen.

Zubereitungs-, Koch- und Backzeit: ca. 80 Minuten

Putz-ABC:

Die Vorbereitung der Zutaten wird auf Seite 4 ff. beschrieben.

Tipp:

Damit es schneller geht, sollte der Reis einen Tag vorher gekocht werden!

Tofu-Zwiebel-Steak

Zutaten

VORRAT:

2 TL Kokosfett (ungehärtet)
Meersalz und grober Pfeffer (zum Würzen des Tofus)
400 g Zwiebeln
1 EL Kräuter der Provence

EINKAUF:

800 g Tofu (natur)

Zubereitung

Tofu in 4 gleich dicke Scheiben schneiden.

Ungehärtetes Kokosfett in der Pfanne erhitzen und den Tofu darin goldgelb braten. Tofu herausnehmen, mit Meersalz sowie grobem Pfeffer würzen und zugedeckt zur Seite stellen.

In der Zwischenzeit die Zwiebeln schälen, halbieren, in feine Streifen schneiden und mit den Kräutern der Provence 10 Minuten in der Pfanne dünsten.

Tofuscheiben wieder in die Pfanne legen und 5 Minuten darin ziehen lassen.

Zubereitungs- und Bratzeit: ca. 20 Minuten

Tipp:

Essen Sie dazu einen Salat und/oder Reis.

Tofugemüse aus der Pfanne

Zutaten

VORRAT:

2 TL Kokosfett (ungehärtet)
4 EL Olivenöl
1 TL Meersalz
¼ TL grober Pfeffer
1 EL Tamari (Sojasoße)

EINKAUF:

400 g Tofu (natur)
350 g Zucchini
200 g Möhren
200 g Porree

Zubereitung

Tofu in Würfel schneiden und in einer Pfanne mit ungehärtetem Kokosfett goldgelb braten. Aus der Pfanne nehmen und zur Seite stellen.

Das Gemüse (Zucchini, Möhren und Porree) putzen, in mundgerechte Stücke schneiden und in der Pfanne mit Olivenöl 3 Minuten dünsten. (Das Gemüse sollte nach dem Anbraten noch bissfest sein.)

Mit Meersalz, grobem Pfeffer und Tamari würzen. Tofuwürfel dazugeben und alles verrühren, bis die Tofuwürfel wieder heiß geworden sind.

Zubereitungs- und Bratzeit: ca. 40–45 Minuten

Putz-ABC:

Die Vorbereitung der Zutaten wird auf Seite 4 ff. beschrieben.

Geheimtipp:

Tofu kann man auch in Sojasoße einlegen, dadurch wird er schön würzig!

Brot

Dinkel-Vollkornbrot Grundrezept

Zutaten

VORRAT:

600 g Dinkel-
Vollkornmehl
1 Päckchen Trockenhefe
400 ml Wasser
2 EL Öl
1 TL Meersalz

Zubereitung

Alle Zutaten mit einem Handrührgerät mit Knethaken kneten, bis ein geschmeidig glatter Teig entstanden ist.

Diesen Teig an einem warmen Ort stehen lassen, bis er sein Volumen um etwa ein Drittel vergrößert hat.

Den Teig kurz durchkneten, in eine geölte Kastenform füllen und den Teig nochmals um ein Drittel aufgehen lassen.

Im vorgeheizten Backofen bei 180 °C 50–60 Minuten backen.

Reine Zubereitungszeit: ca. 20 Minuten
Ruhe- und Backzeit: ca. 120 Minuten
Auskühlzeit: ca. 60 Minuten

Tipp:

Trotz der langen Ruhe- und Backzeit sollten Sie dieses Brot einmal selbst herstellen.
Es ist einfach eine tolle Erfahrung, selbst gebackenes Brot zu essen!

Geheimtipp:

Falls der Brotteig beim ersten Kneten zu fest erscheint, fügen Sie noch ETWAS Wasser hinzu, damit er geschmeidiger wird .

Buttermilch-Körner-Brot

Zutaten

VORRAT:

600 g Vollkornmehl
1 TL Meersalz
1 Päckchen Trockenhefe
2 EL Öl
2 EL Balsamico-Essig
1 EL Honig

EINKAUF:

Sonnenblumenkerne
(davon 100 g)
Leinsamen
(davon 100 g)
Sesam
(davon 50 g)
1 Becher Buttermilch
(davon 400 ml)

Zubereitung

Alle angegebenen Zutaten zu einem Teig verarbeiten.

Zubereitung siehe Grundrezept Dinkel-Vollkornbrot.

Reine Zubereitungszeit: ca. 20 Minuten

Ruhe- und Backzeit: ca. 120 Minuten

Auskühlzeit: ca. 60 Minuten

Tipp:

Dazu passt einer unserer Aufstriche.

Sesam-Partysonne

Zutaten

VORRAT:

400 g Vollkornmehl
1 Päckchen Trockenhefe
1 Ei
8 EL Wasser
8 EL Öl
2 EL Schlagsahne
1 TL Meersalz

EINKAUF:

250 g Magerquark
Sesam
(zum Bestreuen)

Zubereitung

Alle angegebenen Zutaten (außer Sesam) zu einem Teig verarbeiten.

Zubereitung siehe Grundrezept Dinkel-Vollkornbrot.

Vor dem zweiten Aufgehen den Teig teilen und 2 dicke Rollen formen. Aus jeder Rolle 8 gleich große Teile schneiden.

Alle Teigteile in geölten Händen zu Kugeln formen und auf ein mit Backpapier ausgelegtes Backblech in einer Spiralform zusammenlegen. Mit etwas Wasser bestreichen, mit Sesam bestreuen und nochmal mindestens 30 Minuten aufgehen lassen.

Im vorgeheizten Backofen bei 180 °C 30–40 Minuten backen.

Zubereitungszeit: ca. 20 Minuten

Ruhe- und Backzeit: ca. 100 Minuten

Auskühlzeit: ca. 30 Minuten

Tipp:

Eine geschmackliche und optische Bereicherung für jedes Buffet

Fladenbrot

Zutaten

VORRAT:

500 g Vollkornmehl
1 Päckchen Trockenhefe
250 ml Wasser
10 EL Öl
1 TL Meersalz

EINKAUF:

Leinsamen
(davon 2 EL)

Zubereitung

Alle angegebenen Zutaten (außer Leinsamen) zu einem Teig verarbeiten. Zubereitung siehe Grundrezept Dinkel-Vollkornbrot.

Vor dem zweiten Aufgehen des Teiges den Teigkloß in 4 Teile teilen.

Jeden Teil in ½ cm dicke Fladen ausrollen, mit Wasser bestreichen, mit Leinsamen bestreuen und auf ein mit Backpapier ausgelegtes Backblech legen.

Die Fladen noch einmal um ein Drittel aufgehen lassen und 25–30 Minuten im vorgeheizten Backofen bei 180 °C backen.

Zubereitungszeit: ca. 20 Minuten

Back- und Ruhezeit: ca. 90 Minuten

Auskühlzeit: ca. 30 Minuten

Tipp:

Füllen Sie in ein aufgeschnittenes Brot unseren Kohlrabi- oder Weißkohlsalat.

Oliven-Kräuter-Brot

Zutaten

VORRAT:

600 g Vollkornmehl
1 Päckchen Trockenhefe
1 TL Meersalz
1 EL Kräuter der Provence
350 ml Wasser
4 EL Öl
100 g schwarze Oliven
(entsteint)

Zubereitung

Alle angegebenen Zutaten zu einem Teig verarbeiten.

Zubereitung siehe Grundrezept Dinkel-Vollkornbrot.

Zubereitungszeit: ca. 20 Minuten

Ruhe- und Backzeit: ca. 120 Minuten

Auskühlzeit: ca. 60 Minuten

Tipp:

Schmeckt zu unserem scharfen Geflügelsalat.

Dips und herzhafte Aufstriche

Würziger Tomatenaufstrich Rotes Pesto

Zutaten

VORRAT:

100 ml Olivenöl
1 gehäufter TL Kräutersalz
¼ TL grober Pfeffer
2 EL Zitronensaft

EINKAUF:

100 g getrocknete Tomaten
50 g Mandelkerne
50 g Parmesan
frisches Basilikum
(davon 8–10 Blätter)

Zubereitung

Getrocknete Tomaten in ¼ l Wasser 5 Minuten kochen lassen.

In der Zwischenzeit:

Mandeln in einem Gefäß mit kochendem Wasser übergießen und 5 Minuten stehen lassen. Das Wasser abgießen und die Mandelhaut entfernen.

Parmesan reiben.

Basilikum klein schneiden, mit den übrigen Zutaten in ein hohes Gefäß geben und mit dem Stabmixer pürieren.

Zubereitungszeit: ca. 15 Minuten

Putz-ABC:

Die Vorbereitung der Zutaten wird auf Seite 4 ff. beschrieben.

Tipp:

Mandelhaut entfernen heißt: Die Mandeln zwischen Daumen und Zeigefinger aus der Haut drücken. Falls sich die Haut schlecht löst, legen Sie die Mandeln noch einmal in kochendes Wasser.

Grünes Pesto

Zutaten

VORRAT:

2 EL Zitronensaft
1 TL Kräutersalz
50 g Walnusskerne (zerkleinert)
100 ml Olivenöl

EINKAUF:

2 Bund glatte Petersilie
70 g Parmesan

Zubereitung

Petersilie fein hacken.

Parmesan reiben.

Petersilie, Kräutersalz, Zitronensaft, Parmesan und zerkleinerte Walnusskerne in ein hohes Gefäß geben und mit dem Stabmixer pürieren.

Öl langsam dazugießen und weiterpürieren, bis sich alle Zutaten gleichmäßig verbunden haben.

Zubereitungszeit: ca. 10 Minuten

Putz-ABC:

Die Vorbereitung der Zutaten wird auf Seite 4 ff. beschrieben.

Tipp:

Mischen Sie das Pesto unter frisch gekochte Nudeln und reiben Sie darauf ein wenig Parmesan.

Kichererbsen-Brot-Aufstrich

Zutaten

VORRAT:

1 EL Crème fraîche
1 TL Kräutersalz
¼ TL Pfeffer

EINKAUF:

Kichererbsen
(getrocknet, davon 100 g)

Hinweis: Dieser Aufstrich erfordert etwas Planung.

Zubereitung

Kichererbsen über Nacht in reichlich kaltem Wasser einweichen.

Die Kichererbsen am nächsten Tag waschen und nach Packungsanleitung kochen.

Die Kichererbsen abkühlen lassen und in ein hohes Gefäß geben.

Crème fraîche, Kräutersalz und Pfeffer hinzufügen und alles mit dem Stabmixer fein pürieren.

Zubereitungszeit: ca. 5–10 Minuten

Tipp:

Getrocknete Kichererbsen müssen immer eingeweicht werden. Bei Bedarf können Sie von eingeweichten Kichererbsen jederzeit einen Eintopf ähnlich einer Erbsensuppe kochen.

Kräuterbutter

Zutaten

VORRAT:

250 g weiche Butter
1 TL Kräutersalz
1 EL Zitronensaft

EINKAUF:

1 Bund Schnittlauch
1 Bund Dill
1 Bund Petersilie

Zubereitung

Kräuter fein hacken.

Die weiche Butter in eine Schüssel geben und alle Zutaten mit einer Gabel gut mischen.

Zubereitungszeit: ca. 15–20 Minuten

Putz-ABC:

Die Vorbereitung der Zutaten wird auf Seite 4 ff. beschrieben.

Tipp:

Die Kräuterbutter bleibt einige Zeit frisch, wenn man sie im Schraubglas im Kühlschrank aufbewahrt. Mit der Kräuterbutter lässt sich jedes Gemüse bei mittlerer Temperatur andünsten.

Kräuterdip mit Ei

Zutaten

VORRAT:

4 Eier
250 g Mayonnaise
(Rezept, Seite 163)
1 TL Kräutersalz
¼ TL Pfeffer
2 EL Balsamico-Essig

EINKAUF:

1 Bund Schnittlauch
1 Bund Petersilie
1 Bund Dill
250 g Magerquark

Zubereitung

Eier hart kochen, schälen und fein würfeln.

Mayonnaise nach Rezept herstellen.

Kräuter fein hacken.

Quark mit der Mayonnaise, den Kräutern und den Gewürzen glatt rühren.

Die gewürfelten Eier mit der Quarkmasse verrühren.

Zubereitungszeit: ca. 15–20 Minuten

Putz-ABC:

Die Vorbereitung der Zutaten wird auf Seite 4 ff. beschrieben.

Tipp:

Anstelle der angegebenen Kräuter können Sie auch einen Bund „Frankfurter Grüne Soße" verwenden, den man saisonal auf dem Wochenmarkt bekommt.

Scharfer Fruchtdip

Zutaten

VORRAT:

1 EL Balsamico-Essig
2 EL Vollrohrzucker
1 TL Curry

EINKAUF:

1 vollreife Mango
1 Ananas
(davon 250 g)
1 frische rote Chilischote

Zubereitung

Mango schälen und Fruchtfleisch vom Kern schneiden.

Ananas putzen und davon 250 g klein schneiden.

Das Obst mit den übrigen Zutaten (ohne Chili) mit dem Stabmixer pürieren.

Chilischote putzen, in dünne Streifen schneiden und mit der Fruchtmasse verrühren.

Zubereitungszeit: ca. 15 Minuten

Putz-ABC:

Die Vorbereitung der Zutaten wird auf *Seite 4 ff. beschrieben.*

Tipp:

Falls Ihnen der Fruchtdip zu flüssig erscheint, rühren Sie noch 1 TL Johannisbrotkernmehl in die Fruchtmasse.
Dieser Dip passt gut zu gegrilltem Fleisch.

Tomatenbutter

Zutaten

Vorrat:

250 g Butter
4 EL Tomatenmark
1 TL Meersalz
1 TL Kräutersalz

Zubereitung

Weiche Butter mit Tomatenmark, Meer- und Kräutersalz mit einer Gabel verrühren, bis die Tomatenbutter eine glatte Beschaffenheit und eine einheitliche Färbung bekommen hat.

Zubereitungszeit: ca. 15 Minuten

Tipp:

Passt gut zu einem unserer Brote und ist mit zerkleinertem Basilikum bestreut ein weiteres Geschmackserlebnis.

Geheimtipp:

Mit der Tomatenbutter kann man die Zwiebeln bei mittlerer Temperatur für unsere Tomatensuppe andünsten.

Tofu-Brotaufstrich mit Oliven

Zutaten

VORRAT:

1 EL Butter
2 EL Schlagsahne
2 EL Zitronensaft
1 TL Kräutersalz
¼ TL grober Pfeffer
1 TL Kräuter
der Provence
2 EL schwarze Oliven
(entsteint)

EINKAUF:

250 g Tofu (natur)
Sesam (davon 50 g)

Zubereitung

Tofu klein schneiden, mit den angegebenen Zutaten (außer den Oliven) in ein hohes Gefäß geben und mit dem Stabmixer pürieren.

Oliven klein schneiden und untermischen.

Zubereitungszeit: ca. 15 Minuten

Tipp:

Dazu passt eines unserer Brote.

Zaziki

Zutaten

VORRAT:

1 TL Meersalz
1 TL Kräutersalz
¼ TL Pfeffer
2 EL Balsamico-Essig

EINKAUF:

1 Salatgurke
500 g Naturjoghurt
frischer Knoblauch
(davon 1 Zehe)

Zubereitung

Gurke waschen, schälen und auf der Gemüsereibe grob in eine Schüssel reiben.

Die Gurke mit Meersalz bestreuen und kurz stehen lassen. Die Gurkenstücke mit den Händen ausdrücken. Alles Gurkenwasser, welches sich gebildet hat, abschütten, damit das Zaziki nicht zu flüssig wird.

Die Gurke mit Joghurt und Gewürzen verrühren.

Knoblauchzehe schälen und durch eine Knoblauchpresse zu der Gurken-Joghurt-Masse drücken.

Alles gut mischen.

Zubereitungszeit: ca. 15–20 Minuten

Tipp:

Passt gut zu Gyros und/oder Fladenbrot.

Geheimtipp:

Statt des Joghurts können Sie auch je zur Hälfte Crème fraîche und Magerquark verwenden.

Avocadodip, scharf

Zutaten

VORRAT:

1 EL Zitronensaft
1 TL Meersalz
¼ TL Pfeffer

EINKAUF:

1 Avocado
1 rote Peperoni

Zubereitung

Avocado durchschneiden, Stein herauslösen und das Fruchtfleisch aus der Schale löffeln. Avocado mit Zitronensaft, Meersalz und Pfeffer in ein hohes Gefäß geben und mit dem Stabmixer pürieren.

Peperoni putzen, in sehr dünne Streifen schneiden und mit der Avocadomasse verrühren.

Zubereitungszeit: ca. 10 Minuten

Putz-ABC:

Die Vorbereitung der Zutaten wird auf *Seite 4 ff. beschrieben.*

Tipp:

Dazu passt eines unserer Brote!

Avocadodip, pikant

Zutaten

Vorrat:

1 EL Zitronensaft
1 EL Crème fraîche
1 TL Meersalz
¼ TL Pfeffer
50 g Zwiebeln

Einkauf:

1 Avocado
1 Glas Gewürzgurken
(daraus eine kleine
Gewürzgurke, ca. 25 g)
1 Bund Dill

Zubereitung

Avocado durchschneiden, Stein herauslösen und das Fruchtfleisch aus der Schale löffeln. Avocado mit Zitronensaft, Crème fraîche, Meersalz und Pfeffer in ein hohes Gefäß geben und mit dem Stabmixer pürieren.

Zwiebeln schälen und in kleine Würfel schneiden.

Gewürzgurke in sehr kleine Würfel schneiden. Dill fein hacken.

Alles mit der Avocadomasse verrühren.

Zubereitungszeit: ca. 20 Minuten

Tipp:

Dazu passt eines unserer Brote!

Süße Aufstriche

Apfel-Bananen-Aufstrich

Zutaten

EINKAUF:

1 Banane
1 Apfelsine
1 Apfel
100 g Mandeln

Zubereitung

Banane und Apfelsine schälen.

Apfel waschen, vierteln und das Kerngehäuse entfernen.

Das Obst klein schneiden, in ein hohes Gefäß geben und mit dem Stabmixer pürieren.

Mandeln fein mahlen oder hacken und alles gut mischen.

Zubereitungszeit: ca. 15 Minuten

Putz-ABC:

Die Vorbereitung der Zutaten wird auf Seite 4 ff. beschrieben.

Tipp:

Wunderbar fruchtig. Je nach gewünschtem Süßegrad können Sie noch Vollrohrzucker hinzufügen.

Kiwi-Banane-Aufstrich

Zutaten

VORRAT:

1 EL Zitronensaft
1 EL Vollrohrzucker
(nach Bedarf)

EINKAUF:

2 Kiwis
1 Banane
Kokosflocken
(davon 2 EL)

Zubereitung

Kiwis und Banane schälen, klein schneiden und in ein hohes Gefäß geben. Mit Zitronensaft beträufeln und mit dem Stabmixer pürieren.

Kokosflocken unterrühren.

Je nach Geschmack etwas Vollrohrzucker hinzugeben.

Zubereitungszeit: ca. 15 Minuten

Tipp:

Beliebt bei »Groß und Klein«

Mandarinen-Grapefruit-Aufstrich

Zutaten

VORRAT:

4 EL Vollrohrzucker

EINKAUF:

1 Grapefruit
4 Mandarinen
Johannisbrotkernmehl
(davon 2 EL)

Zubereitung

Grapefruit und Mandarinen schälen, klein schneiden, ggf. Kerne entfernen und in ein hohes Gefäß geben.

Vollrohrzucker und Johannisbrotkernmehl hinzufügen und alles mit dem Stabmixer pürieren.

Zubereitungszeit: ca. 15 Minuten

Tipp:

Johannisbrotkernmehl bekommen Sie in jedem Bioladen und es kann für kalte und warme Speisen verwendet werden.

Mangoaufstrich

Zutaten

Vorrat:

2 EL Vollrohrzucker

Einkauf:

1 vollreife Mango
Johannisbrotkernmehl
(davon 1 TL)

Zubereitung

Mango putzen, das Fruchtfleisch klein schneiden und in ein hohes Gefäß geben.

Vollrohrzucker und Johannisbrotkernmehl hinzufügen und mit dem Stabmixer pürieren.

Zubereitungszeit: ca. 15 Minuten

Putz-ABC:

Die Vorbereitung der Zutaten wird auf Seite 4 ff. beschrieben.

Tipp:

Johannisbrotkernmehl bekommen Sie in jedem Bioladen und es kann für kalte und warme Speisen verwendet werden.

Erdbeeraufstrich

Zutaten

VORRAT:

2 EL Vollrohrzucker

EINKAUF:

250 g Erdbeeren
Johannisbrotkernmehl
(davon 1 TL)

Zubereitung

Erdbeeren waschen, grünen Stiel entfernen und die Erdbeeren in ein hohes Gefäß geben.

Vollrohrzucker und Johannisbrotkernmehl hinzufügen und mit dem Stabmixer pürieren.

Zubereitungszeit: ca. 15 Minuten

Tipp:

Johannisbrotkernmehl bekommen Sie in jedem Bioladen und es kann für kalte und warme Speisen verwendet werden.

Geheimtipp:

Schmeckt auch gut zu Vanilleeis!

Müsli

Müsli-Grundrezept

Zutaten

Vorrat:

250 g Vollkorn-haferflocken
Rosinen

Einkauf:

2 Bananen und/oder frisches Obst je nach Jahreszeit und Geschmack
Haselnusskerne (davon 50 g)
500 g Naturjoghurt

Zubereitung

Haferflocken in eine Schüssel geben.

Obst, Nüsse und/oder Rosinen und Joghurt daraufgeben und alles gut mischen.

Zubereitungszeit: ca. 5–10 Minuten

Tipp:

Verwenden Sie auch einmal andere Getreideflocken.

Geheimtipp:

Sie können auch anstelle des Joghurts Sahne oder einen hochwertigen Saft verwenden.

Desserts

Obstsalat

Zutaten

VORRAT:

Zitronensaft
(Menge nach Geschmack)

EINKAUF:

1 Ananas
1 Mango
1 Honigmelone
500 g kernlose
Weintrauben

Zubereitung

Ananas und Mango putzen, das Fruchtfleisch klein schneiden.

Melone schälen, vierteln, Kerne entfernen und in kleine Stücke schneiden.

Weintrauben waschen und halbieren.

Das klein geschnittene Obst in eine Schüssel füllen.

Obst mit Zitronensaft beträufeln und einige Minuten durchziehen lassen.

Alles gut mischen.

Zubereitungszeit: ca. 30 Minuten

Putz-ABC:

Die Vorbereitung der Zutaten wird auf Seite 4 ff. beschrieben.

Tipp:

Falls etwas übrig bleibt, kann man den Salat am nächsten Tag mit dem Stabmixer pürieren und als Fruchtdrink genießen.

Apfelsinen-Granatapfel-Dessert

Zutaten

VORRAT:

1 EL Honig

EINKAUF:

4 Apfelsinen
1 Granatapfel
2 Bananen

Zubereitung

Apfelsinen schälen und klein schneiden.

Granatapfel halbieren und einzelne Kerne herauslösen. Bananen schälen und in Scheiben schneiden.

Das gesamte Obst in einer Schüssel mit Honig mischen.

Zubereitungszeit: ca. 20 Minuten

Putz-ABC:

Die Vorbereitung der Zutaten wird auf Seite 4 ff. beschrieben.

Tipp:

Granatäpfel gibt es im Herbst und im Winter!

Gefüllter Bratapfel

Zutaten

VORRAT:

1 EL Honig

EINKAUF:

5 Äpfel
Rosinen
(davon 50 g)
Zimt
(gemahlen, davon 1 TL)
Mandelstifte
(davon 50 g)

Zubereitung

Alle Äpfel waschen, 1 Apfel schälen und auf der Gemüsereibe fein reiben.

Kerngehäuse aus den ganzen, gewaschenen Äpfeln entfernen. (Mit einem scharfen Messer am Stiel beginnend das Kerngehäuse herausschneiden.)

Rosinen mit den Apfelraspeln, Honig, Zimt und Mandelstiften mischen.

Die 4 Äpfel in eine gebutterte Auflaufform stellen.

Apfelraspelmasse in die Äpfel füllen.

Im vorgeheizten Backofen 35–40 Minuten bei 200 °C zugedeckt backen.

Zubereitungs- und Backzeit: ca. 50 Minuten

Tipp:

Dazu schmeckt sehr gut eine einfach Vanillesoße:
200 ml Milch, 1 TL Johannisbrotkernmehl, 1 EL Vollrohrzucker und ¼ TL Bourbonvanille gut verrühren und alles unter Rühren 2 Minuten aufkochen lassen.

Bananenjoghurt

Zutaten

VORRAT:

1 EL Honig

EINKAUF:

500 g Naturjoghurt
Zimt
(gemahlen, davon 1 TL)
4–5 Bananen

Zubereitung

Joghurt, Honig und Zimt cremig rühren.

Bananen schälen, in dünne Scheiben schneiden und mit der Joghurtmasse verrühren.

Zubereitungszeit: ca. 10 Minuten

Tipp:

Geben Sie doch einmal zerkleinerte Walnusskerne dazu.

Mango-Quark-Crème

Zutaten

VORRAT:

200 g Schlagsahne
2 EL Honig

EINKAUF:

1 vollreife Mango
250 g Magerquark
Zimt
(gemahlen, davon 1 TL)

Zubereitung

Mango putzen, klein schneiden und mit dem Stabmixer pürieren.

Sahne steif schlagen, mit Quark, Zimt und Honig cremig rühren.

Quark-Sahnemasse und Mangopüree abwechselnd schichtweise in hohe Glasschälchen füllen.

Zubereitungszeit: ca. 15 Minuten

Putz-ABC:

Die Vorbereitung der Zutaten wird auf *Seite 4 ff. beschrieben.*

Tipp:

Verwenden sie anstelle der Mango frische Erdbeeren.

Getränke

Bananen-Apfelsinen-Drink

Zutaten

EINKAUF:

4 Apfelsinen
2 Bananen
1 Knolle Ingwer
(davon 2–3 EL)

Hinweis: Für diesen Bananen-Apfelsinen-Drink den Ingwertee nach Rezept von Seite 160 vorbereiten.

Zubereitung

Apfelsinen schälen, klein schneiden und ggf. Kerne entfernen.

Bananen schälen und klein schneiden.

Obst in ein hohes Gefäß geben. Mit dem Stabmixer pürieren, Tee dazugeben und alles gut miteinander verrühren.

Anschließend in hohe Gläser füllen.

Zubereitungszeit: ca. 10 Minuten

Tipp:

Falls Sie keinen Ingwer mögen oder gerade keinen kalten Ingwertee zur Verfügung haben, verwenden Sie anstelle dessen einfach Wasser.

Buttermilchdrink

Zutaten

VORRAT:

1 TL Honig

EINKAUF:

500 g Erdbeeren
500 ml Buttermilch

Zubereitung

Erdbeeren waschen, Stielansatz entfernen und die Früchte halbieren. Mit Buttermilch und Honig in ein hohes Gefäß füllen und mit dem Stabmixer pürieren.

Zubereitungszeit: ca. 10 Minuten

Tipp:

Im Sommer sehr erfrischend!

Geheimtipp:

Verwenden Sie doch einmal anstelle der Buttermilch Sojamilch.

Gemüsedrink

Zutaten

VORRAT:

300 ml Wasser
Zitronensaft
(Menge nach Geschmack)
Meersalz und Pfeffer

EINKAUF:

2 Paprikaschoten
1 Staudensellerie
(davon 2 Stängel)
2 Strauchtomaten
1 Bund Petersilie
(genaue Menge nach Geschmack)

Zubereitung

Paprika, Sellerie sowie Tomaten putzen und sehr klein schneiden.

Petersilie fein hacken.

Alles mit dem Wasser und dem Saft der Zitrone in einen Mixtopf geben und mit dem Stabmixer fein pürieren.

Mit Meersalz und Pfeffer abschmecken.

Zubereitungszeit: ca. 15 Minuten

Tipp:

Ein sehr erfrischender und vitaminreicher Gemüsedrink!

Ingwertee

Zutaten

VORRAT:

1 l Wasser

EINKAUF:

1 Knolle Ingwer
(davon 2–3 EL)

Zubereitung

Ingwer waschen, trocken tupfen, schälen und in dünne Scheiben schneiden.

2–3 EL Ingwerscheiben in eine Teekanne geben und mit kochendem Wasser übergießen.

Ca. 10–15 Minuten ziehen lassen.

Zubereitungszeit: ca. 20 Minuten

Tipp:

Ein vitalisierendes und verdauungsförderndes Erfrischungsgetränk!

Sellerie-Mandarinen-Drink

Zutaten

VORRAT:

200 ml Wasser
Zitronensaft
(Menge nach Geschmack)
je ½ TL Meersalz
und Pfeffer
50 g Walnusskerne
(zerkleinert)

EINKAUF:

200 g Knollensellerie
4 Mandarinen
125 g Naturjoghurt
(davon 1 EL)

Zubereitung

Knollensellerie putzen und klein schneiden.

Mandarinen schälen, in Spalten teilen und ggf. Kerne entfernen.

Mandarinenspalten und alle weiteren Zutaten in ein hohes Gefäß geben und mit dem Stabmixer fein pürieren.

Zubereitungszeit: ca. 10 Minuten

Putz-ABC:

Die Vorbereitung der Zutaten wird auf *Seite 4 ff. beschrieben.*

Tipp:

Ein sättigendes Vitalgetränk!

Grundrezepte
zum
Nachschlagen

Mayonnaise

Zutaten

VORRAT:

1 Ei
1 EL Senf
1 EL Balsamico-Essig
1 TL Meersalz
¼ TL Pfeffer
250 ml Öl

Hinweis: Wichtig für das Gelingen der Mayonnaise ist, dass alle Zutaten die gleiche Temperatur haben.

Zubereitung

Alle Zutaten (außer dem Öl) in ein hohes Gefäß geben und mit dem Stabmixer verquirlen, während ganz langsam Öl dazugegeben wird.

Zubereitungszeit: ca. 5 Minuten

Tipp:

Eine wunderbare Grundlage für unsere Remoulade!

Remoulade

Zutaten

VORRAT:

1 Grundrezept Mayonnaise
(siehe S. 163)

EINKAUF:

1 Bund Dill
1 Bund Petersilie
1 Bund Schnittlauch
1 Glas Gewürzgurken
(daraus 6 kleine Gurken)

Zubereitung

Mayonnaise nach Rezept herstellen.

Die Kräuter fein hacken.

Gewürzgurken sehr klein schneiden.

Kräuter und Gewürzgurken mit der fertigen Mayonnaise verrühren.

Zubereitungszeit: ca. 15 Minuten

Tipp:

Schmeckt sehr gut zu gebratenem Fisch oder Eiern.

Béchamelsoße

Zutaten

VORRAT:

¼ l Gemüsebrühe
1 EL Butter
2 EL Vollkornmehl
1 Becher Schlagsahne
½ TL Meersalz
¼ TL Pfeffer
Muskatnuss
(gerieben)

Zubereitung

Die Gemüsebrühe nach Anleitung herstellen.

In einem kleinen Kochtopf Butter schmelzen, Mehl daraufgeben und mit dem Schneebesen glatt rühren, bis sich eine hellgelbe Masse gebildet hat.

Langsam die Flüssigkeit (Sahne und Gemüsebrühe) unter Rühren hinzufügen und aufkochen lassen. Die Soße mit Meersalz und Pfeffer würzen und mit geriebener Muskatnuss abschmecken.

Zubereitungszeit: ca. 15 Minuten

Tipp:

Diese Soße passt zu allen Gemüsen.

Hackfleischsoße

Zutaten

VORRAT:

1 Zwiebel
1 TL Meersalz
½ TL Pfeffer
1 TL gekörnte Gemüsebrühe
2 TL Kokosfett (ungehärtet)
2 EL Tomatenmark

EINKAUF:

200 g Möhren
500 g Strauchtomaten
500 g Rinderhackfleisch

Zubereitung

Möhren putzen und auf einer Gemüsereibe grob reiben.

Zwiebel schälen und würfeln.

Tomaten putzen und klein schneiden.

Hackfleisch mit Meersalz, Pfeffer und mit gekörnter Gemüsebrühe würzen.

Ungehärtetes Kokosfett in einer Pfanne erhitzen, Hackfleisch darin 10 Minuten »krümelig« braten. Möhren und Zwiebeln dazugeben und weitere 10 Minuten braten.

Tomatenmark und Tomaten dazugeben und 10–15 Minuten köcheln lassen.

Zubereitungszeit: ca. 40 Minuten

Putz-ABC:

Die Vorbereitung der Zutaten wird auf Seite 4 ff. beschrieben.

Tipp:

Die Standardsoße zu Nudeln!

Gemüsesoße, püriert

Zutaten

VORRAT:

200 g Zwiebeln
1 EL Olivenöl
4 EL Tomatenmark
500 ml Wasser
1 EL gekörnte Gemüsebrühe
200 g Crème fraîche
2 TL Meersalz
¼ Pfeffer
½ TL Paprikapulver

EINKAUF:

2 Bund Suppengrün

Zubereitung

Das Suppengrün (ohne Petersilie) sowie die Zwiebeln putzen und klein schneiden. Alles 3–5 Minuten in Olivenöl in einem höheren Kochtopf dünsten. Das Tomatenmark dazu geben, kurz mitdünsten und mit der angegebenen Menge Wasser und der gekörnten Brühe in 15–20 Minuten gar kochen.

Die Gemüsemasse vorsichtig mit dem Stabmixer pürieren und danach Crème fraîche einrühren. Mit Meersalz, Pfeffer und Paprika würzen.

Petersilie fein hacken und auf der Soße verteilen.

Zubereitungszeit: ca. 30 Minuten

Putz-ABC:

Die Vorbereitung der Zutaten wird auf Seite 4 ff. beschrieben.

Geheimtipp:

Diese Gemüsesoße können Sie kochend heiß in Schraubgläser abfüllen. So ist sie gut gekühlt mehrere Tage haltbar.

Rezepte von A – Z

Adressen

4-Zutaten im Internet

www.4-Zutaten.de

Kochkurse & Kochferien

www.4-Zutaten.de

VND
Verlag Neue Dimensionen

www.verlag-neuedimensionen.de

Fotos

Michaela Thiel-Hensel
www.studio-thiel.de

Layout

Ulrich Emil Duprée
www.das4mat.de

Print- & Webdesign

Matthias Hensel
www.matthiashensel.com

Lektorat | Werbung | PR

Reimund Bertrams
www.das-wortgewand.de

Korrektorat

Therese Meitinger
tm_text@yahoo.de

Druck & Weiterverarbeitung

B.O.S.S Druck und Medien GmbH
www.boss-druck.de

Impressum

4 Zutaten

1. erweiterte Neuauflage
Autorinnen: Birgit Wäschenbach und Renate Kerner
Fotos: Michaela Thiel-Hensel
Layout und Satz: Ulrich Duprée, Matthias Hensel
Lektorat: Reimund Bertrams
Korrektorat: Therese Meitinger
Druck und Weiterverarbeitung: B.O.S.S Druck und Medien GmbH

ISBN 978-3-941580-00-8

Alle fotografierten Gerichte sind nach Originalrezepten von den Autorinnen selbst zubereitet worden.

www.verlag-neuedimensionen.de
E-Mail: info@verlag-neuedimensionen.de

www.4-zutaten.de
E-Mail: info@4-zutaten.de

Glutenfrei Kochen und Backen

Zwei Bände mit praktischen Einkaufshilfen

Erscheinungsdatum: Frühjahr 2011

Zu bestellen bei: www.4-Zutaten.de,
bei Amazon oder in Ihrer Buchhandlung

Unsere Kochkurse und Kochseminare:

Haben Sie Freude am Kochen – aber zugleich ganz spezielle Ansprüche oder Probleme, wenn es um die tägliche Nahrungszubereitung geht? Dann machen Sie mit bei unseren Spezial-Kochkursen und Kochseminaren rund um ...

- vollwertiges Kochen
- vegetarisches Kochen
- veganes Kochen
- glutenfreies Kochen

Mit Freude und Leichtigkeit kochen wir mit Ihnen. In lockerer Atmosphäre erhalten Sie Tipps und praktische Hilfen, wie Sie Ihre individuelle Ernährung im Alltag schnell, einfach, frisch und lecker gestalten können. Tauschen Sie sich mit Gleichgesinnten und Betroffenen aus. Und profitieren Sie von unserer jahrelangen Praxiserfahrung.

Informieren Sie sich über unser aktuelles Kursangebot auf www.4-zutaten.de

„Ich mach mal gluten-frei!"

Unsere Koch-Ferien-Angebote für Zöliakie-Ernährung

Bei „Kochferien glutenfrei" machen wir Sie mit der frischen, abwechslungsreichen und schmackhaften glutenfreien Kochkunst vertraut und vermitteln Ihnen praktische Alltagstipps – und das in einer erholsamen Umgebung, in der Sie endlich mal wieder „die Seele baumeln lassen können". Guten Appetit und gute Erholung – „Kochferien glutenfrei" macht's möglich.

Infos unter: www.4-zutaten.de

Birgits und Renates Kochbuchidee auf einen Blick:

… einfache und schnelle Zubereitung!

Wir haben alle Gerichte so beschrieben und zusammengestellt, dass sie auch von Kochneulingen schnell und einfach nachgekocht werden können.

… frische Lebensmittel!

Wir empfehlen frische Zutaten, die die Gesundheit und Vitalität stärken.

… Grundvorrat und 4 Zutaten!

Das ganze Konzept dieses Buches basiert darauf, dass Sie für jedes Gericht höchstens vier Zutaten dazu kaufen müssen. So fällt es Ihnen besonders leicht, im Nu schmackhafte Gerichte auf den Tisch zu bringen.

Birgit und Renate empfehlen:

… genießen Sie die Mahlzeiten mit Ihrer Familie!

Nutzen Sie das gemeinsame Beisammensein während einer Mahlzeit, um mit der Familie Zeit zu verbringen und sich auszutauschen.

… beachten Sie die alte Weisheit:

"Iss morgens wie ein Kaiser, mittags wie ein König und abends wie ein Bettelmann."

… werden Sie Ihr eigener Gesundheitscoach!

Informieren Sie sich über Zusatzstoffe in der Nahrung und wählen Sie Ihre Lebensmittel bewusst aus.